Stefan Schall
Psychomiletik

Die Kriegskunst der Seele

Psychomiletik ist all denjenigen gewidmet, die sich mutig in die Analyse des Seins gestürzt haben. Denjenigen, die der Oberflächlichkeit, der Dummheit, und vor allem der Konditionierung den Kampf angesagt haben.

Fibelwelten
07183 Costa de la Calma

Inhaltsverzeichnis

Vorwort

1. Was bedeutet Psychomiletik?
2. Der Empfang von Nachrichten
2.1. Newsflash: Ein überfallartiger Gedanke
2.2. Softsliding: Das sanfte Hineingleiten
2.3. Ein unbestimmtes Gefühl
3. Das Versenden von Nachrichten
4. Hintergrundprogramme zur Absicherung der Psychomiletik
4.1. Das Ausschlussverfahren
4.1.1. Das Ausschlussverfahren bei Sachverhalten
4.1.1.1. Der Fussballtipp: Mein Lieblingsspielchen
4.1.2. Das Ausschlussverfahren bei Personen
4.1.2.1. Das Saunabeispiel
4.1.2.2. Die Reflektion
4.2. Der Abgleich
5. Die Hoffnung trübt das Urteilsvermögen
5.1. Was Sie auf alle Fälle tun sollten
5.2. Was Sie lassen sollten
6. Psychomiletik: Die Kriegskunst der Seele
6.1. Gefahrenabwehr durch Psychomiletik
6.2. Die energetischen Auswirkungen
7. Die Blockade und Manipulation Ihrer Frequenz
7.1. Was ist eine Frequenz?
8. Die Psychomiletik der Kinder
9. Psychomiletik oder Telepathie?
10. Psychomiletik und Tiere
11. Zusammenfassung
12. Aussichten auf Psychoenergetik
13. Begriffserklärungen

Impressum

Vorwort

Liebe Leserin, lieber Leser,

vielen Dank für Ihre Teilnahme an diesem kleinen Ausflug in die Parapsychologie. Er wird Ihnen zeigen, dass so manches als paranormal Angesehene doch eher normal ist. Sie werden auch erkennen, dass wesentlich mehr Menschen über "Übersinnliches" nachdenken, als Sie vielleicht vermutet hätten.

In dieser Einführung in die Psychomiletik(PM) und Telepathie, möchte ich Sie dafür sensibilisieren mehr auf Ihr Gefühl zu "hören". Da Sie dieses Buch gekauft haben, tun Sie dies vermutlich bereits.

Sie werden aber auch feststellen können, dass ich in diesem Buch einige "Techniken des Erfühlens" beschrieben habe, die Sie vermutlich noch nicht kennen.

Damit Sie jene Personen erkennen können, die anders denken, als sie sprechen.

Bevor Sie jedoch anfangen, Ihrem Gefühl völlig zu vertrauen, sollten Sie sich schulen. Denn nicht ausschließlich die Hoffnung trübt das Urteilsvermögen. Auch die Eitelkeit verhindert oft den Durchblick.

Oder haben Sie Ihre paranormalen Fähigkeiten bereits verbannt? Vielleicht nicht nur aus dem Alltag? Damit hätten Sie Ihre effektivste Waffe aufgegeben. Gerade in unserer Zeit, in der Gewalt, Lüge und Betrug stark zunehmend sind, ist es besonders wichtig, seine mentale Umgebung schnell und effektiv scannen zu können. Damit Sie erkennen können, ob Gefahr im Verzug ist.

Leider wirken die Psychozide an der Menschheit und deren psychomiletischen Highperformern in die heutige Zeit hinein. Der wohl bekannteste psychomiletische Genozid wurde ausgelöst durch die Durchsetzung der Hexenbulle. Diese wurde von Papst Innozenz VIII. abgesegnet.

Als psychomiletische Highperformer bezeichne ich Heiler und Seher, aber natürlich auch viele andere Hochbegabte. An erster Stelle sind hier die Psychoenergetiker zu benennen.

Die Qual der Folter und die damit verbundene Konditionierung hat sich wie ein Geschwür über die Jahrhunderte durch die Köpfe der Betroffenen gefressen. Die Betroffenen sind unsere Ahnen und wir. Steckt hier ein System dahinter?

Nicht nur bei Despoten ist es klar! Sie sind in der Regel nicht die Hellsten, dafür aber am kriminell Brutalsten und deshalb für die Unterdrückung von Völkern und deren Intelligenz wie geschaffen. Durch Menschenverachtung Menschen beherrschen. Das ist ein System!

Aber doch nicht bei Heilen, Sehen und Psychomiletik? Oder doch?

Falls ja, so ist es gescheitert! Es gibt nach wie vor viele Menschen, die sich ihrer Fähigkeiten voll bewusst sind. Auch darüber, dass diese Gabe ihr Gut ist. Noch mehr Menschen gibt es allerdings, die sich dessen nicht bewusst sind, aber das Potential haben.

Besonders groß ist normalerweise das Potential bei Kindern. Es ist jedoch leider keine Seltenheit, dass die Eltern hier schädigend wirken.

Ich habe in vielen Gesprächen, auch in meiner früheren Tätigkeit und im Alltag festgestellt, dass die Kunst der Psychomiletik durchaus noch allgegenwärtig ist.

Das Hauptproblem, das sich in diesen Gesprächen herauskristallisierte war, dass eine grundlegende Anleitung sowie ein geeigneter Diskussionspartner oder "Spielgefährte" für diese Thematik fehlte.

Auch hat man oft keine Zeit für ein so, zumindest anfangs, aufwendiges "Hobby".

Zusätzlich auffällig ist, dass man nicht einmal mit dem eigenen Partner, mit dem man sowieso mehrmals am Tag "paranormale Kontakte" hat, über solche Phänomene spricht.

Fast immer fehlte eine gewisses Grundwissen und damit das Selbstvertrauen.

Besser als ein "gewisses Grundwissen" ist eine solide Basis.

Ich wünsche Ihnen für diesen "Kurztrip" in Ihre paranormale Welt, dass sie sich diese Basis für weitere Ausflüge schaffen können.

Ich wünsche viel Spass und Erfolg, Ihr

Stefan Schall

1. Was bedeutet Psychomiletik?

Allgemein wird mit dem Begriff Psychomiletik (PM) das Senden und das Empfangen von Nachrichten auf paranormaler Ebene beschrieben. Es wird unterstellt, dass eine übersteigerte Traumataverarbeitung diese Fähigkeit hervorruft oder zumindest begünstigt.

Der Begriff Psychomiletik stammt von dem italienischen Parapsychologen Armando Pavese.

Das Wort selbst ist ein Kunstwort. Es besteht aus dem griechischen Wort psycho (Seele) und dem lateinischen Wort miletik. Miletik ist eine Ableitung von homilia, der Gemeinschaft, der Predigt.

Psychomiletik ist also die Seelenpredigt. Telepathie kann mit Fernfühlen übersetzt werden und ist eine Art Unterdisziplin der Psychomiletik.
Psychomiletik ist somit auch ein Oberbegriff, mit dem sich andere paranormale Disziplinen verbinden oder eingliedern lassen.

Ich gehe davon aus, dass viele Menschen psychomiletisches Potential beherbergen und dieses, meist unbewusst, auch anwenden. Beherrscht man diese Fähigkeit, verleiht sie große Macht und bedeutet somit gleichzeitig eine große Verantwortung.

Der Psychomiletiker ist in der Lage gezielt Einfluss auf das Bewusstsein anderer zu nehmen. Er kann Korrekturen vornehmen. Das kann positiv, aber leider aber auch sehr negativ sein. Es kommt also immer auf die Intention des Einflussnehmers an. Meist wird leider zum eigenen Vorteil manipuliert.

Nicht nur deshalb und ungeachtet der Gemeinsamkeiten, ist Psychomiletik nicht mit Telepathie gleichzusetzen.

Die Initiierung der Psychomiletik muss nicht immer zwingend einem traumatischen Ereignis zuzuordnen sein. Jedoch begünstig ein solches Ereignis ihre Initiierung. Sie installiert sich dann praktisch als Gegenreaktion auf dieses Ereignis. Sie gehört somit zur Verteidigungsstrategie der Seele.

Psychomiletik ist folglich eine Kriegskunst der Seele!

Wie bei jeder Kunst sollten Sie sich zuerst eine Basis schaffen, hier durch das Erlernen unterschiedlicher Wahrnehmungs- und Sendetechniken.

In dieser Einführung geht es zunächst um das Versenden und das Empfangen von Nachrichten. Dies ist unabdingbar, um Botschaften richtig lesen zu können. Es versetzt Sie in die Lage Freund und Feind unterscheiden zu können.

Jetzt aber zuerst einmal zu den Grundrechenarten "Senden und Empfangen".

2. Der Empfang von Nachrichten

Es gibt eine ganze Reihe unterschiedlicher Techniken Nachrichten zu lesen und Botschaften zu entschlüsseln. Ein absolut alltägliches Ereignis jedoch ist es, wenn Ihnen urplötzlich, blitzartig, fast überfallartig, eine Person oder eine Information in den Kopf "schießt".

Dieser Gedanke kam sicher nicht von Ihnen selbst!

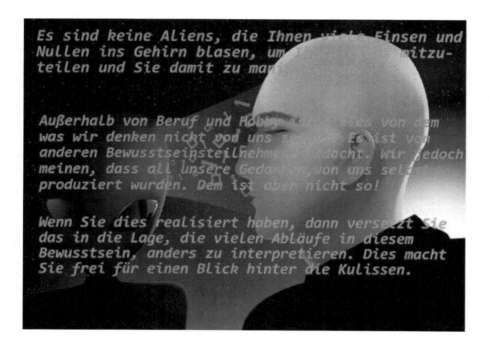

Es sind keine Aliens, die Ihnen viele Einsen und Nullen ins Gehirn blasen, um   mitzuteilen und Sie damit zu ma

Außerhalb von Beruf und Hob   es von dem was wir denken nicht von uns   Es ist von anderen Bewusstseinsteilnehm   acht. Wir jedoch meinen, dass all unsere Geda   von uns sel produziert wurden. Dem ist aber nicht so!

Wenn Sie dies realisiert haben, dann versetzt Sie das in die Lage, die vielen Abläufe in diesem Bewusstsein, anders zu interpretieren. Dies macht Sie frei für einen Blick hinter die Kulissen.

Es ist der "Newsflash". Dies ist sicherlich nicht die einzige Form der Gedankenerfassung. Es ist aber die am Leichtesten analysierbare.

2.1. Newsflash: Ein überfallartiger Gedanke!

Beispiel: Sie befinden sich in einer Situation der Konzentration, z.B. Korrekturarbeiten, als Ihnen plötzlich etwas einfällt. Zum Beispiel, dass Sie etwas für Ihren Partner besorgen sollen.

Solche Situationen sind häufig und werden meist nicht beachtet. Sie werden dann lediglich unter "gut, dass mir das noch eingefallen ist" abgelegt.

Aber war es tatsächlich Ihr Erinnern?

Oder hat Sie Ihr Partner auf paranormaler Ebene auf eine Besorgung hinweisen wollen? Dabei hatte Ihr Partner vielleicht gar nicht die Absicht psychomiletisch zu wirken. Er hat einfach nur intensiv an Sie gedacht:"Hoffentlich vergisst er/sie es nicht."
Sie haben es dann erfasst und im Unterbewusstsein "gelesen". Solche Hinweise kann man aber auch voll bewusst, mit einem "danke für die Erinnerung", annehmen.

Das beschriebene Beispiel ist ein ganz normaler, täglich ablaufender Vorgang und keinesfalls ein Phänomen. Solche Ereignisse werden eben nur nicht richtig interpretiert.
Warum sollten Sie sich während einer Konzentrationsphase dieser zu besorgenden Sache erinnern? Wenn, dann nach der Arbeit!

Notieren Sie sich das Ereignis mit zugehörigem Zeitpunkt und fragen Sie Ihren Partner. So können Sie eine Bestätigung erhalten. Dieser jedoch sollte darauf sensibilisiert sein. Man vergißt in der Hektik des Tages oft an wen oder an was man so alles gedacht hat. Der dazugehörige Zeitpunkt ist noch schwieriger zu merken.
Also aufschreiben!

Eine Erschwernis in Partnerschaften ist, dass der permanente Gedankenaustausch so intensiv sein kann, dass es schwierig ist auseinander zu halten, wer was zuerst gedacht hat. In unserem Beispiel ist es jedoch eindeutig!

Bei gut funktionierenden Beziehungen können die Gedanken fast parallel laufen. Bei einigen ist es sogar eine Art "Standby-Betrieb". "Standby" verbraucht jedoch, wie bei einem Fernsehgerät, unter Umständen eine Menge Energie. Ein gutes Hintergrundprogramm(4.1.) könnte helfen Energie zu sparen.

Einfacher ist es, wenn Ihnen weniger nahestehende Personen im Kopf "rumspuken". Da fragt man sich doch automatisch, warum man plötzlich an "den", "die" oder "das" bei einem bestimmten Sachverhalt denken muss.

Sie haben an diese Person gedacht, weil diese Sie "angefunkt" hat, oder aber jemand Dritter sie Ihnen in Erinnerung bringen wollte. Meist in Verbindung mit einem Sachverhalt.

Ersteres ist wahrscheinlicher, weil normalerweise auch die dritte Person zumindest peripher und kurz erfasst worden sein müsste.
Vorsicht! Die Hintergrundprogramme müssen laufen.

Das Beispiel Tigerleibchenweibchen:

Ein Mann geht mit seiner Frau in der Stadt bummeln und nimmt plötzlich eine Frau wahr, die eine Bluse mit einem Tigermuster trägt. Plötzlich "schießt" ihm eine verflossene Liebe in seine Gedanken.

Eine paranormale Botschaft? Nein! Das Tigerleibchenweibchen mit dem Tigerleibchenkleidchen hat ihn nur an seine ehemalige Gespielin, auch mit Tigerleibchenkleidchen, erinnert. Eben, weil diese ähnliche Kleidung bevorzugte.
Ein paranormaler Vorgang hat wahrscheinlich bei seiner ehemaligen Liebe stattgefunden, weil er blitzartig einen echten Erinnerungsgedanken produzierte.

Seien Sie sich im Klaren darüber, dass nicht nur Ihre Ehemalige, sondern auch Ihre jetzige Frau den Gedanken erfasst haben könnte. Ich habe ein Beispiel mit einem Kleidungsstück gewählt. Bei körperlichen Attributen wie Rundungen passiert dies wesentlich häufiger.

Für Geübte sind solche Ereignisse leicht zu "lesen": der Person den Sachverhalt und/oder den Sachverhalt der Person zuzuordnen. Meist wird gar nicht bemerkt, was zuerst da war, weil es so rasant abläuft.

Botschaften von nicht nahestehenden Personen sind schwerer abzusichern, weil man in der Regel nicht gleich anrufen und fragen kann: "Gell, Du hast gerade an mich gedacht".

Dies sind einfache Beispiele! Einfache Beispiele deshalb, weil es sich um Besorgungen oder schöne Erinnerungen handelt. Was ist aber, wenn der Newsflash sich nicht auf Besorgungen oder schöne Erinnerungen bezieht?

Die Eilmeldung kann auch Gefahr, Missbrauch oder Betrug sein. Das System, dies zu lesen, ist für das eine wie für das andere, das gleiche. Es ist jedoch besser, wenn Sie mit einfachen alltäglichen Beispielen lernen, die Psychomiletik Ihrer Umwelt zu lesen. Damit sie gewappnet sind, wenn einmal ein richtiges Problem im Anmarsch ist. Denn, wenn Sie die einfachen Dinge nicht aus dem Effeff beherrschen, laufen Sie Gefahr, im Ernstfall nicht gerüstet zu sein.

Dazu geht es weiter in Kapitel 6: Die Kriegskunst der Seele.

2.2. Softsliding: Das sanfte Hineingleiten

Softsliding tritt bevorzugt in entspannten Situationen auf, die dieses sanfte Hineingleiten in eine andere Bewusstseinsebene begünstigen. Zum Beispiel im Schlaf oder im Traum. Schon Freud lehrte, dass der Traum günstige Voraussetzungen für Telepathie bietet.

Aber auch ein gemütlicher Spaziergang und das dazugehörende Abschalten bietet beste Bedingungen. Man könnte dieses Hineingleiten auch als eine Art Selbsthypnose, also Trancing ohne Fremdhilfe, beschreiben.

Sie vertiefen sich und tauchen sanft und langsam ein. Sie befinden sich plötzlich auf einer anderen Bewusstseinsebene. Hier können Sie auch für Sie hinterlassene Nachrichten abzurufen. Botschaften also, die Sie in der Hektik des Alltags nicht wahrgenommen haben, beziehungsweise nicht wahrnehmen konnten.

Lassen Sie es einfach zu, lassen Sie es fließen!

Das sanfte Hineingleiten geschieht meist nicht so häufig wie die Eilmeldungen. Das ist jedoch von der Person, deren Umfeld und den Lebensbedingungen abhängig. Es ist auch eine Zeitfrage.

Eine Eilmeldung kann natürlich auch im Traum, im Schlaf oder beim Spaziergang auftreten.

Das Softsliding ist eigentlich so etwas wie das Gegenteil vom Newsflash. Während man bei der Wahrnehmung der Eilmeldung häufig in einer Konzentrationsphase ist und es in der Regel bei dieser Meldung bleibt, ist beim Hineingleiten ein Abdriften in andere "Lesetechniken" und ein genaueres "Auslesen" möglich.

Sie können zum Beispiel ihre Mailbox abhören. Das sind Nachrichten, die keine Eilmeldungen waren und sich eben angesammelt haben. Damit meine ich weniger intensive Gedanken. Wenn Sie hier noch tiefer trancen, ist ein Eindringen in das gewünschte Bewusstsein möglich. Doch dies ist auch für

Fortgeschrittene nicht empfehlenswert. Damit meine ich, dass Sie beim Abhören auch abgehört werden können.

Seien Sie vorsichtig, es kann eine Falle sein!

Die Sogwirkung, erzeugt durch eine Falschmeldung, bewusst oder unbewusst, ist gefährlich. Denn schnell haben Sie einen Parasiten am Hals, der Ihnen die Energie absaugt, indem er sich festbeißt und Ihre Aufmerksamkeit permanent auf sich lenkt.
Damit meine ich, dass eine kleine Nachricht nur der Köder für eine ganze Flut von Problemen sein kann. Sie kennen das von Anrufen wo der Anrufer vorgab, dass er nur "Hallo" sagen wollte.
Diese Fallensteller haben mehr Erfahrung als Sie und sind schwer wieder los zu werden. Die Parasiten riskieren alles und haben viele "Kollegen und Verbündete". Und denken Sie daran: In einem fremden Bewusstsein gelten immer andere Regeln.

Dennoch eine kurze Erklärung: Beim Abhören der Nachrichten kann man leicht feststellen, dass sich häufig die gleichen Personen dort tummeln. Bitte denken Sie daran, dass Sie, indem Sie an diese Personen denken oder vielleicht sogar ein Problem für diese abarbeiten, auch Energie zuführen. Nicht nur das macht diese zu Energiejunkies.
Diese Personen sind in aller Regel schon geübte Parasiten und machen das nicht nur mit Ihnen. Sie werden bemerken, dass je öfter Sie das zulassen, desto tiefer Sie in deren Bewusstsein gezogen werden. Es schwächt Sie, ohne dass Sie es sofort bemerken. Wenn Sie zu weit gehen, fehlt Ihnen am Ende die Kraft sich zu lösen.
Zusätzlich haben Sie dann noch Probleme, die nicht zu Ihnen gehören. Außerdem besteht die Gefahr, dass sich Personen, die sich im Dunstkreis dieser Parasiten ernährt haben, sich plötzlich auf der Liste Ihrer besten Freunde eingetragen haben. Allerdings nur weil diese wissen, dass Sie besaugbar sind.

Energievampirismus ist ein Bereich der Psychoenergetik.

 Meine Empfehlung ist, das sanfte Hineingleiten zuerst als Sende- und Empfangstechnik zu nutzen und ihr Postfach abzuhören oder Nachrichten zu hinterlassen.

 Als ausgebildeter "Vampirjäger" können Sie sich natürlich problemlos mit denen anlegen. Aber nicht, wenn Sie noch beim üben sind!

Info: Der aktuellste Ausdruck für Energievampirismus ist GASLIGHTING. Lassen Sie sich von den neuartigen Begriffen nicht durcheinanderbringen, denn es geht immer um dasselbe: nämlich Ihre Energie und Ihre Seele!

2.3. Ein unbestimmtes Gefühl

Zurück zu unserem Beispiel "Besorgung": Sie haben jetzt mehr oder weniger bewusst die Erinnerungsnachricht wahrgenommen. Ein Erfolgsgefühl will sich aber nicht so richtig einstellen. Ein letzter Zweifel bleibt.
Haben Sie die Nachricht falsch gelesen oder hat sich der Besorgungsauftrag nur erweitert? Ist Ihrem Partner noch etwas eingefallen?
Nicht selten handelt es sich um ein besorgungsnahes Zusatzprodukt und ist leicht zu "erraten". Bei etwas gänzlich anderem wird es dann schon schwieriger. Da hilft eigentlich nur sich abzusichern.

Bei einem auftragsnahen Produkt kann man abgleichen.

Beispiel: Der Auftrag lautete, einen Malblock für die Kinder zu besorgen. Plötzlich macht sich der Gedanke "Malstifte" breit. War das ein Zusatzauftrag?

Ein besseres Beispiel: Mit einem meiner früheren Kunden (er hatte ein Ladenlokal) machte ich Gedankenleseübungen. Ich kam immer unangemeldet. Präziser gesagt meldete ich mich nicht telefonisch, sondern "nur" mental an. Ich besuchte ihn einmal dann aber erst am Tag darauf.
Er konfrontierte mich damit, dass er eigentlich das Gefühl hatte, dass ich am Tag zuvor kommen würde.

Das Gefühl war richtig!

Die Nachricht von mir hatte er richtig gelesen. Ich hatte mich tatsächlich angemeldet. Allerdings bekam ich 10 Minuten vor meiner Ankunft einen Anruf, der mich zu einem anderen Kunden umleitete. Ich hatte vergessen, mich verbindlich wieder abzumelden.

Fazit: Wenn einmal etwas nicht klappt, kann das viele Gründe haben. Es kann sich während des Tages vieles ändern. Zum Beispiel, dass plötzlich wieder keine Malstifte gebraucht werden, weil noch eine Packung aufgetaucht ist. Lassen Sie sich hier nicht ins Boxhorn jagen und nehmen Sie zur Analyse nur sichere Beispiele, die absolut nachvollziehbar sind.

Ein noch besseres Beispiel für Fernfühlen: Eines Tages lag ich auf der Couch und dachte über eine Frau nach, die ich nur flüchtig kannte. Ich fragte mich warum?
Diese Frau war enger verbunden mit einer Person, zu der ich intensiven mentalen Kontakt hatte. Ich bekam die Daten des Telefonats, welches diese beiden Frauen in diesem Moment führten, sozusagen "eingespielt". Dadurch hatte ich zugleich die Lösung des Problems parat, welche ich sogleich telefonisch mitteilte.
Telefonisch mitteilte, weil diese mich anrief. Ich habe nicht auf das Telefon geguckt und sie sofort mit ihrem Namen begrüßt, denn es konnte nur sie sein.
Die Person war sichtlich überrascht, dass ich wusste, mit wem sie gerade telefoniert hatte und auch das Problem kannte.
Was ich zuerst tat war Softsliding. Also in einer entspannten Phase durch leichtes Selbsttrancing die Umgebung mental zu scannen. Danach war es Telepathie, also Gedanken lesen. Die telepathische Kontaktaufnahme habe ich gestartet, nachdem der "Scan" angeschlagen hatte.
Mit einem Anschlag beim "Scan" meine ich, dass mich beim mentalen Check der näheren und weiteren Umgebung etwas dazu bewegte zu verweilen, um es dann natürlich genauer zu untersuchen.
Um die Umgebung zu scannen braucht man kein so tiefes Trancing. Um die Gedanken so konkret aufzunehmen wie in diesem Fall, muss man tiefer trancen.
Was die Frau, zu der ich starken mentalen Kontakt hatte tat, war psychomiletisch für die andere Frau zu wirken. Ein Problem, dass beide nicht lösen konnten oder wollten. Praktisch, sozusagen als Seelenpredigt in die Welt zu senden. Ich habe das aufgenommen, bearbeitet und einen Lösungsvorschlag gemacht.

Hinweis: Solche Abläufe sind natürlich nicht nur bei mir anhängig. In Seminaren entwickelt sich immer eine Gruppendynamik, die es allen Teilnehmern ermöglicht, zu erkennen, dass das auch in deren Umfeld geschieht. Sie haben es nur nicht so intensiv wahrgenommen. Ich selbst realisiere die Ablaufdynamik automatisch und mühelos. Das kann man also üben.

Zusammenfassung:

Botschaften und Nachrichten auf paranormaler Ebene sind alltäglich und normal.
Für Freunde, Partner und Familie ist man stärker sensibilisiert und damit leichter erreichbar.
Deshalb können Sie nahestehende Personen natürlich auch leichter kontakten.
Entferntere Personenkreise sind leichter zu "enttarnen" aber schwerer zu überprüfen.
Um Sicherheit in Ihrer Psychomiletik zu erhalten, sollten Sie Abgleichsysteme installieren.
Häufig ist man für das Signal vorsensibilisiert (Bitte nicht vergessen!).
Der Traum bietet günstige Bedingungen für Telepathie.
Das Abdriften in andere Techniken (z.B. Mailbox abhören) ist wahrscheinlich.
Vorsicht ist geboten! Die Energievampire lauern schon.
Die Botschaften können sich verändern.
Arbeiten Sie zu Beginn nur mit nachvollziehbaren Beispielen.
Man kann nicht jeden Unsinn entschlüsseln.
Je öfter Sie richtig liegen, desto sicherer werden Sie.

Tipp: Beginnen Sie Ihre Reise in die Parapsychologie mit Personen, derer Sie sich sicher sind. Erste zarte Pflänzchen des Erfolges könnten rasch verwelken, wenn Sie häufig Misserfolge aufgrund mangelnder Dokumentation oder kleinerer und großer Schwindeleien verzeichnen müssen.
Sollten Sie ein Talent sein, wird man es Ihnen neiden. Neid ist übrigens eine Form der Angst und leider ist der größte Neider häufig eine nahestehende Person. Also Vorsicht!

Die kleinen Dinge, wie Besorgungen, müssen sitzen, damit sie die Großen ernst nehmen.

3. Das Versenden von Nachrichten

Wie beim Erhalt, sind auch beim Empfang von Nachrichten die Kommunikationsteilnehmer davon abhängig, dass nur echte Nachrichten versandt werden. Nur diese sind auch lesbar.

Verschiedenen Universitäten ist es in diversen Testreihen nicht gelungen, Telepathie und damit auch Psychomiletik nachzuweisen. Freilich wurden bei Kartenerkennungstests leicht bessere Ergebnisse mit Telepathie erzielt als ohne. Eine empirische Regel konnte man daraus jedoch nicht ableiten.

Der Fall liegt klar!

1. Es handelte sich hier um keine echten Gefühle mit echten Botschaften.
2. Es wurden Studenten für diese Tests eingesetzt. Keine trainierten Medien.
3. Auch für Profis ist es ganz schwierig "Simuliertes" zu entschlüsseln.
4. Bei unechten Botschaften müssen Sender und Empfänger Experten sein.
5. Sie werden keinen Experten finden, der so einen Blödsinn mitmacht.

Haben Sie schon einmal einen Western gesehen?

Oft kommt in dessen Handlung vor, dass ein Indianer zur internen Verständigung einen Vogel oder Präriewolf simuliert. In der Regel horcht der Trapper dann auf und nimmt seine Waffe, weil er Zweifel an der Echtheit des Tierlautes hat.

So ähnlich ist es für unsere Empfangseinheit. Sie erkennt das Signal nicht an, weil es nicht echt ist. Das Signal, das der Mann durch seinen Erinnerungsgedanken bei seinem Extigerleibchenweibchen ausgelöst hat war echt. Es war deshalb leicht lesbar.

Auch in Extremsituationen lassen sich Botschaften wesentlich eindringlicher und damit klarer transportieren. So gibt es eine eindeutige Tendenz, dass bei Todesfällen nahestehender Menschen auch Nichtsensibilisierte die Nachricht erhalten, die mit "Ich gehe jetzt" übersetzt werden könnte.

Jeder von uns hat einen Großvater oder Oma oder Tante, die uns schon einmal so eine Geschichte erzählt haben. Die Geschichten sind immer ähnlich. Nämlich, dass in der Nacht vor dem Tod einer nahestehenden Person ein intensiver Traum geträumt wurde.

Wie bereits erwähnt bietet der Traum günstige Bedingungen für Telepathie und Psychomiletik. Solche Ausnahmesituationen können ein gewaltiges psychomiletisches Potential entfachen. Die Intensität eines derartigen Signals ist in den Alltag nicht übertragbar. Dennoch kann man mit ein paar Tricks die Sendestärke variieren. Allein schon Oberflächlichkeit und Konzentration machen den Unterschied. Auch das "Stand-by-Verhalten" spielt da mit.

Das wirkungsvollste Mittel jedoch, ist die Selbsthypnose. Sie versetzen sich also in eine Art Trance, um die angepeilte Person mental zu fixieren. Den tranceartigen Zustand sollten Sie dabei nicht überbewerten. Man ist dann nicht, wie manchmal in Shows simuliert paralysiert und komplett abwesend.

Die leichte Trance eignet sich hervorragend, sich mit bestimmten Themen auseinander zu setzen. In diesen Momenten haben Sie auch Zugang zu dem Wissen des Unbewussten der Psyche.

Sinnieren kann auch als Trance bezeichnet werden.

Trance-Zustände sind all diejenigen Momente oder Sequenzen, in denen Ihnen das innere Erleben und Fühlen wichtiger ist, als das was außerhalb geschieht.

    Sie gewöhnen sich lediglich eine leicht zu beherrschende Technik an, die es Ihnen ermöglicht, auf paranormaler Ebene zu wirken. Da dies bei jedem Menschen etwas anders ist, gibt es auch keine Pauschalanleitung für alle. Denken sie an das Hineingleiten, an das sich Versenken, an den Gedankenaustausch, den Sie anstreben.
    Sie kennen das vom täglichen in den Schlaf sinken. Ziel hier ist jedoch nicht einzuschlafen oder ganz abzuschalten, sondern den Informationsaustausch anzunehmen und Störendes auszublenden. Die normale Realität tritt in den Hintergrund, die geistige in den Vordergrund und dann lassen Sie es "fließen".
    Wie bereits erwähnt, es fließen zu lassen, will gelernt sein. Die normale Bewusstseinsebene nimmt man trotz dieses "Zustandes"

noch wahr. In diesen Momenten jedoch nur sekundär oder maximal parallel. Zu einem raschen Hineinversetzen in einen solchen Zustand gehört ein wenig mehr.

Nehmen Sie das Hineinversenken als Basis und bauen Sie darauf auf. Diese leichte Selbsthypnose sollte automatisiert sein. Also installieren Sie diese Selbstversenkungstechnik, damit Sie nicht lange probieren müssen, wenn Sie sie es einmal brauchen. In Extremsituationen jedoch schaffen es nicht selten auch Ungeübte blitzschnell.

Die häufigste Eilmeldung ist die, wenn der Auftraggeber plötzlich bemerkt, wenn etwas fehlt. Oh Gott, die Malstifte, der Block, das Medikament.........hoffentlich denkt er/sie daran.

Das gilt natürlich auch für das Fremdgehen und das einhergehende schlechte Gewissen auf der einen Seite und die Verzweiflung oder/und Wut auf der anderen.

Diese Gedanken kommen an!

Es ist nur so, dass die Personen, bei denen die Gedanken ankommen meinen, sie wären von ihnen selbst. Dem ist aber nicht so. Akzeptieren Sie diese Tatsache und Sie werden mehr und mehr begreifen, dass nicht nur diese, sondern auch andere Gedanken von und bei Ihnen ankommen.

Das macht es Ihnen leichter das Verhalten anderer nachvollziehen zu können. Es wird Sie motivieren vorsichtiger mit Emotionen wie Wut umzugehen. Oder umgekehrt Ihre Emotionen gezielt einzusetzen.

Wie gesagt: Psychomiletik ist die Kriegskunst der Seele!

Zusammenfassung

Nur "echte" Nachrichten senden.
Die Intensität und Aussagekraft echter Gefühle ist durch Simulationen nicht zu ersetzen.

Simulation funktioniert nicht einmal an Universitäten.
Lernen Sie es "fließen" zu lassen!
In Extremsituationen funktioniert es ggf. auch ohne Übung.
Trancen Sie sich selbst.
Die Gedanken kommen an, also seien Sie vorsichtig damit.
Die Gedanken kommen an! Sie können sie als Waffe einsetzen.

Tipp: Dass sie im Trancezustand waren bemerken Sie am Eindeutigsten, wenn Sie in Bereichen "gestöbert" haben, die nicht geplant waren. Also nehmen Sie sich zuerst einmal nichts vor, sondern nehmen Sie beruhigt das an, was angeboten wird. Wenn Sie einen Dialog eröffnen, so denken Sie daran, dass er ankommt.

4. Hintergrundprogramme zur Absicherung Ihrer Psychomiletik

Um sichere Ergebnisse bei der Analyse paranormaler Botschaften zu gewährleisten, sind Stabilisierungstechniken unumgänglich. Dazu gehören das Abgleich- und das Ausschlussverfahren.

Wenn Sie schon einmal ein paar Umstände ausschließen können, dann müssen Sie auch nicht mehr so viel abgleichen.

Diese Programme laufen im Hintergrund fast zeitgleich mit Ihren Wahrnehmungen. Wenn Sie das trainieren, dann funktioniert es wie das Kuppeln beim Hoch- und Runterschalten im Auto. Was am Anfang noch enorme Konzentration erforderte, geht zum Schluss dann doch automatisch, ohne darüber nachdenken zu müssen.

4.1. Das Ausschlussverfahren

Dieses Verfahren hilft Ihnen, die enorme Informations-, Gedanken- und Gefühlsflut in den Griff zu bekommen. Man könnte auch sagen, den Aufwand zu minimieren.

Es ist klar, dass nicht nur zu Beginn Ihrer Übungen, ein enormes Arbeitspensum auf sie zukommen wird. Da ist es wichtig, dass Sie manche Dinge gleich abhaken können. Das gilt für Sachverhalte genauso, wie für Personen.

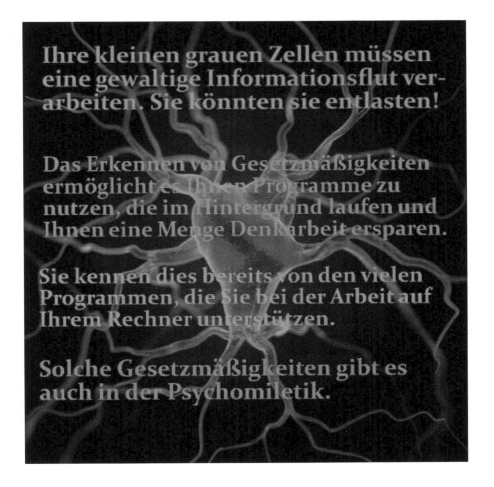

Ihre kleinen grauen Zellen müssen eine gewaltige Informationsflut verarbeiten. Sie könnten sie entlasten!

Das Erkennen von Gesetzmäßigkeiten ermöglicht es Ihnen Programme zu nutzen, die im Hintergrund laufen und Ihnen eine Menge Denkarbeit ersparen.

Sie kennen dies bereits von den vielen Programmen, die Sie bei der Arbeit auf Ihrem Rechner unterstützen.

Solche Gesetzmäßigkeiten gibt es auch in der Psychomiletik.

4.1.1. Das Ausschlussverfahren bei Sachverhalten

In unserem Malblockbeispiel "Bitte vergiss nicht mitzubringen!" ist die Person klar! Man kann nämlich alle Personen ausschließen, außer den Partner.
Aber ist es wirklich der Partner gewesen, oder waren Sie es nicht doch selbst? Beim Newsflash ist es eindeutig! Aber wie verhält es sich, wenn Ihnen die Malstifte in Erinnerung kommen, wenn Sie ein Schreibwarengeschäft sehen?

Die Ereigniskette ist dann nicht: Auftrag- Sensibilisierung- Speichern- Konzentrationsphase- Newsflash- der Partner war es.
Sondern: Auftrag- Sensibilisierung- Speichern auf der Memobox- entspannte Phase- Aktivierung der Memobox durch eben den Sachverhalt des Wahrnehmens des Schreibwarengeschäftes.
Wie ist das, wenn der Auftrag ein Sauerbratengewürz gewesen wäre? Sie riechen plötzlich den verlockenden Duft von Essen und dann erinnern Sie sich des zu Besorgenden?

Also Ausschlussverfahren!

Bei den Malstiften:
Ich habe nicht die Memobox durchwühlt.
Ich habe nicht die Mailbox abgehört.
Ich habe kein Papiergeschäft gesehen.
Ich habe keine malenden Kinder gesehen.
Letztendlich: Es gab keine Umstände, die mich hätten erinnern lassen.

Sauerbratengewürz:
Ich habe nicht die Memobox durchwühlt.
Ich habe nicht die Mailbox abgehört.
Ich habe kein Restaurant wahrgenommen.
Ich habe kein Essen gerochen.
Es war nicht ein Hungergefühl, usw.
Letztendlich gab es keine Umstände, die mich hätten erinnern lassen.

Die Abfragetechnik der Ausschlusssysteme ist personenspezifisch und nicht starr. Sie ist dem Umfeld und den Umständen entsprechend aufzustellen. Das Grundmuster bleibt natürlich.

Bauen Sie sich Ereignisketten auf:
Tigerleibchenweibchen- Erinnerungen- schöne Gefühle- eine Botschaft an und nicht von der "Ex".
Auftrag "Malstifte"- Schreibwarengeschäft- stimulierte Memobox.
Auftrag "Sauerbratengewürz"- Geruch von Essen- stimulierte Memobox.
Auftrag "Malstifte"- entspannte Situation beim Spaziergang- Abhören der Mailbox oder/und der Memobox.
Auftrag "Malstifte"- Konzentrierte Phase im Geschäft- Newsflash- es war der Partner !

Sicherlich wird Ihnen Ihr Partner im Normalfall keine Eilmeldung wegen der Malstifte senden, wenn er weiß, dass Sie sich konzentrieren müssen. Bei einem wichtigen Medikament sähe es vermutlich schon anders aus.

Der Auftrag kann sich aber auch erweitern, z.B. um ein weiteres Gewürz, Schreibutensil oder Medikament. Dann wird es schon interessanter!

Sie sind nun ganz stolz, dass Ihnen das zu Erledigende noch eingefallen und auch bereits erledigt ist. Ein richtiges Erfolgsgefühl will sich jedoch nicht einstellen. Was ist los?

Geübte können durch Ausschluss, Abgleich und natürlich durch Telepathie der veränderten Situation auf die Spur kommen.

Für weniger Geübte rate ich sich rückzuversichern. Das wird Ihren Partner angenehm überraschen und Sie haben zumindest richtig erfasst, dass da noch etwas gewesen ist.

Ein weiteres Erfolgserlebnis also!

Es ist wichtig, dass sich die Erfolgserlebnisse häufen.

4.1.1.1. Der Fussballtipp: Mein Lieblingsspielchen

Ein persönliches Beispiel für eine erfolgreiche aber etwas kompliziertere psychomiletische Übung.

Es gibt unterschiedliche Fussballtippspiele und bei einigen spiele ich mit. Es geht hier nur um Punkte und der Einfachheit halber nehme ich das Kicker-Tippspiel. Ich tippe also zum Wochenende die Bundesligaergebnisse. Natürlich habe ich auch eine Lieblingsmannschaft.
Nun habe ich also meinen Tipp abgegeben: Sagen wir Gladbach gegen Bayern 2:1. Es ist Sonntag am Nachmittag und das Spiel läuft. Meine Lieblingsmannschaft ist Gladbach.
Ich befinde mich in einer entspannten Situation, denn ich gehe spazieren. Ich bin natürlich interessiert, wie es um das Spiel steht und will auf dem Laufenden sein. Ich habe mein Handy dabei und damit auch Internetzugang. Ich bin nicht nur auf das Spiel fixiert, sondern denke auch über andere Dinge nach. Ich bin es gewohnt alle 10-15 Minuten nachzusehen, wie es denn nun um die Partie steht.

Plötzlich habe ich das Gefühl, ich müsste mich informieren.

Abfragetechnik:
Ist das nun die turnusmäßige Abfrage (alle 10-15 Minuten) oder ist in dem Spiel etwas passiert?
Wenn es turnusmäßig ist, hat mich zumindest während des Turnus keine Eilmeldung erreicht, also hat sich der Spielstand nicht verändert.
Ich lege mich dann fest, dass nichts passiert ist. Denn sonst hätte mich ja eine Meldung erreicht.
Wenn es nicht turnusmäßig ist, dann hat sich sicher etwas relevantes für das Ergebnis ereignet.
Ein freudiges oder ein mieses Gefühl.
Also positiv oder negativ für meinen Tipp.
Ich lege mich nun ein 2. Mal fest.

Wie erkenne ich ob die turnusmäßige Abfrage ansteht?

Wenn ich mich erst vor 3 Minuten informiert hatte, ist es klar, denn der Turnus ist ja alle 10-15 Minuten. Das ist Selbstprogrammierung und Zeitgefühl. In allen weiteren Fällen ist es die Eilmeldung, die mich erreicht hat. Also eben ein gutes oder schlechtes Gefühl in Bezug auf meinen Tipp und meine Mannschaft.

Zuerst erreicht mich das Gefühl, dass etwas passiert ist. Dann offenbart sich das Ereignis in Form eines hoffentlich überschwänglichen Gefühls. Dieser Ablauf dauert weniger als eine Sekunde. Ich nehme dann mein Handy und sichere mein erfühltes Ergebnis ab.

Ich habe mich hier noch nie getäuscht!

Ich gebe allerdings zu, dass ich mich nicht festlege, wenn ich nicht entspannt bin. Ich kann Misserfolge einfach nicht ab. Ich nehme dann das Gefühl, ordne es dem Ergebnis (oder umgekehrt) zu, und speichere es ab. Das ist dann ein weiterer Wert, mit dem ich in Zukunft arbeiten kann.

Bei über 100 Festlegungen lag ich immer Richtig!

Was aber ist hier passiert? Ich habe das Gefühl, die Psychomiletik, die Enttäuschung und Freude der Fans innerhalb und außerhalb des Stadions erfasst und gelesen. Ich habe mich für diese Art der Nachrichtenerfassung natürlich vorsensibilisiert.

Auch hier gilt, jedenfalls für mich, eine entspannte Situation ohne Druck herzustellen.

Natürlich kann nicht jeder fußballverrückt sein. Sie müssen sich dann schon Ihr eigenes "Spielchen" suchen.

Und denken Sie an die Worte von Olli Kahn! Sinngemäß hat Olli Kahn als Co-Kommentator bei einem wichtigen Fußballspiel einmal gesagt, dass, als er noch aktiv war, besonders bei großen Turnieren, auch wenn diese in fernen Landen waren, man die Unterstützung, das Hoffen der Fußballnation auf dem Platz klar wahrnehmen konnte. Er betonte auch das Wissen der Mannschaft und der Verantwortlichen um die Wichtigkeit dieser Form der Unterstützung der Fans für den Erfolg.

In dem Buch Psychoenergetik habe ich diesen Vorgang als "Energiebündelung" beschrieben.

Doch wie wird diese Bündelung realisiert? Doch eindeutig durch Psychomiletik, durch die Predigt der Seele, der Seelengemeinschaft, wird die Energie auf die Reise geschickt. Psychomiletik und Psychoenergetik sind eng miteinander verbunden.

Um meine Psychomiletik zu trainieren sind mir solche "Spiele" mittlerweile lieber, weil ich keine Personen mehr dazu brauche. Dies ermöglicht es mir die Ergebnisse sofort abzusichern. Auch bin ich hier keinen Schwankungen und Ungenauigkeiten des Erinnerungsvermögens meiner "Spielgefährten" ausgesetzt.

Ich tue es natürlich auch noch mit Personen, jedoch häufig nicht mit deren Wissen. Das bedeutet, wenn ich eine Nachricht von einer Person "abfange", überlege ich mir eine Fangfrage, um die Richtigkeit meiner Wahrnehmung abzusichern.

Bei sexuellen Dingen ist es einfach. Auch deshalb an dieser Stelle kein Beispiel.

Gut abzusichern ist, wenn beispielsweise eine Beschwerde, Anzeige oder ähnliches gegen jemanden gemacht wurde. Das beklommene Gefühl, dass diese Person dann hat, kann man leicht erfühlen.

Sie kennen doch den Spruch: "Aha, deshalb war der damals so komisch". Sie haben also eine Information bekommen, die Sie nun einem Gefühl von früher zuordnen können.

Das kennen Sie tausendfach aus Ihrem Alltag: "Ich habe mich schon immer gewundert", "Ich hatte schon immer das Gefühl", "Ich habe schon immer gesagt", usw.

Das sind viele Ereignisse und Ergebnisse, die Sie schon kennen. Sie müssen diese dann nur in Ihre Wissensdatenbank integrieren. Dann brauchen Sie gar nicht mehr so viele neue

Erfahrungen. Sie erleben nun solche Ereignisse bewusster. Das heißt nicht, dass Sie anders reagieren müssen. Sie könnten es jedoch!

Ihre psychomiletische Ausstrahlung ist nun nicht mehr "unterwürfig", sondern wissend und damit dominant. Das hat dann eine unmittelbare Auswirkung auf Ihre Psychoenergetik.

Gute Trainingseinheiten sind, wenn Partner oder Kind eine Prüfung, Vorstellung oder ähnliches haben. Da sind Sie ja automatisch emotional mit dabei. Vergleichen Sie Ihr Gefühl mit dem realen Ergebnis.

Auch hier gilt: Die Hoffnung trübt das Urteilsvermögen.

Der Wunsch, dass Ihr Partner die Stelle bekommt, könnte die reale Botschaft überlagern. Dies sind exzellente Übungseinheiten. Die Gefühle der Freude oder Enttäuschung in derart wichtigen Lebenssituationen sind wesentlich intensiver als bei Malblöcken. Sie sind deshalb auch klarer und leichter zu erfassen.

4.1.2. Das Ausschlussverfahren bei Personen

Bei größeren Veranstaltungen wie Meetings, Tagungen, Weihnachtsfeiern oder Familienfesten ist die Gefahr sehr groß, dass ein paar "Störenfriede" dabei sind.

The evil is always and everywhere.

Diese verhindern sozusagen Harmonie und schüren in der Regel subtil, manchmal auch offen, Konflikte. Warum?
Weil sie in der Disharmonie und dem Chaos, welches sie verursachen, zu Hause sind. Da kennen sie sich aus, da herrschen sie. Harmonie ist wie Gift für sie und ihr Untergang. Sie wollen auf jeden Fall verhindern, dass dieser Einklang sich installiert, weil sie einen energetischen Verlust befürchten. Dieser Verlust ist für diese Menschen bereits bei reduzierter Betrachtung ihrer Person noch immens.

Doch wie kann man Personen erkennen, die allein durch Anwesenheit Stimmungen erzeugen?

Bei Familienfeiern ist es einfach solche "Harmoniekiller" zu erkennen. Man trifft sich öfter, und weil nicht immer die gleichen Personen anwesend sind, kann man schon einmal ausschließen. Wer war wann angespannt oder befreit, als wer dabei oder eben nicht dabei war.
Diese Gefühle kann man auch rückwirkend analysieren. Aber sind es denn immer die Personen, die offen Konflikte produzieren? Oder werden sie nur von anderen vorgeschoben? Das geschieht auf mentaler Basis und ist denen, die vorgeschoben werden, oft nicht bewusst.
Da die üblichen Verdächtigen in der Regel sowieso bekannt sind, kann man sich schnell mit den Strippenziehern im Hintergrund beschäftigen. Eine der einfachsten Beobachtungen ist, wenn der, der normalerweise offen Konflikte produziert, sich dies einmal nicht traut.

Dann stellt sich die Frage: Ist etwa der Strippenzieher im Hintergrund nicht anwesend? Der, der ihm immer geholfen hat, wenn es schwierig wurde?

Oft hilft einem der gesunde Menschenverstand, diese Personen zu lokalisieren. Am Wichtigsten ist es jedoch, Ihr eigenes Gefühl zu beobachten und dann auszuschließen.

Lassen Sie sich nicht blenden und Sie werden feststellen, dass nicht viele übrig bleiben. Der Übeltäter ist Ihnen dann meist schon während des Ausschlussverfahrens verdächtig geworden. Weil die Personen auf die der Verdacht, vielleicht voll bewusst, gelenkt war, bereits ausgeschlossen werden konnten.

Konfrontieren Sie diese Personen mit Ihrem Wissen und sagen Sie: Ich weiß, dass Du es bist! Wenn Sie sie nicht offen ansprechen wollen, dann tun Sie es eben geistig. Denken Sie intensiv: "Ich weiß, dass Du es bist. Ich will das du dich zurückziehst."

Mal sehen, wie lange es dauert, bis sich diese Person bei Ihnen meldet, um sich wieder in ein positives Licht zu rücken. Und vergessen Sie bitte nicht, dass diese Wesen Ihre Energie brauchen und nur deswegen wieder andocken wollen.

Übrigens ist dieses geistige Fixieren wie "Ich weiß, dass Du es bist" oder "Ruf an" ein weiteres Mittel um Ihre Psychomiletik zu stabilisieren. Es sollte aber nicht in "mentalem Stalking" ausarten. Außerdem könnte das andere Ende der Leitung ein geübteres Medium sein.

Beispiel: Ein Seminarteilnehmer hat immer dann intensiv an einen Geschäftspartner gedacht, wenn er wollte, dass dieser sich bei Ihm meldet. Der Geschäftspartner hatte dies wohl nicht bemerkt und war ein gutes Medium. Er meldete sich zeitnah, wenn die Situation es erlaubte. Das hat dem Seminarteilnehmer nicht nur Sicherheit im Umgang mit PM gebracht, sondern ihn leider auch etwas überheblich gemacht. Denn bei zumindest einer anderen Person hat das nicht so geklappt. Diese hat wohl den Spieß umgedreht und sich ihrerseits bei ihm eingeloggt.

Ich will hier kein offenes Ergebnis analysieren und Seelenklemptnerei betreiben wir hier sowieso nicht, jedoch ging das erste Stalking wohl doch von unserem Seminarteilnehmer aus.

Übungen dürfen nicht in Stalking enden. Also stalken Sie nicht, dass auch Sie nicht gestalkt werden. Wenn Sie in einen Bewusstseinssog geraten, ist der Aufwand, sich wieder freizuschwimmen, erheblich.

Dieses Ausschlussverfahren funktioniert genauso bei Tagungen, im Beruf oder bei Versammlungen jeglicher Art. Es ist immer das selbe Prozedere. Ich rede hier von den Strippenziehern und nicht von den Krawallmachern. Diese kann man prima mit den Ohren wahrnehmen und man muss nicht die Psychomiletik bemühen.

Wenn Sie allerdings wissen wollen, wer der Krawallmacher wirklich ist, also das sein Bewusstsein erforschen wollen, dann ist wieder PM notwendig.

Am Ende des Ausschlussverfahrens steht immer ein Ergebnis, das mit einem Gefühl verbunden ist. Die Signatur dieser Gefühle ist in ihrer Art unverwechselbar. Deshalb brauchen Sie irgendwann nicht mehr aufwendig auszuschließen oder abzugleichen. Wie sich die Signatur dieser Wesen anfühlt, wissen Sie dann ja bereits.

4.1.2.1. Das Saunabeispiel

Ein Mann spielte jahrelang mit der selben Gruppe von Leuten Squash. Nach dem Squash gingen sie immer in die Sauna. Nun machten sich bei dem Mann manchmal erotische Gefühle breit und er wollte wissen, ob das ausschließlich von ihm ausgeht. Denn manchmal ist es da und manchmal nicht.

Mein Tipp war, bei gleichem sexuellen Status, auch rückwirkend abzugleichen.

Wer war immer anwesend, wenn dieses Gefühl besonders stark war.

Wer war nicht da, wenn das Gefühl da war.
Wer war da, wenn das Gefühl nicht da war.
Wer war nicht da, wenn das Gefühl nicht da war.

Die verantwortliche Person war dann auch schnell lokalisiert. Für den Mann überraschend, war es eine sonst doch eher prüde wirkende Dame. Er sprach diese dann auch zu einem späteren Zeitpunkt daraufhin an. Und siehe da, sie war es! Die weitere Entwicklung in dieser Beziehung war positiv. Alles Weitere jedoch ist für unsere Analyse des psychomiletischen Ereignisses nicht relevant.

Solche sexuellen PM-Botschaften sind in der Regel harmlos, kommen sehr häufig vor und sind völlig normal. Für "Intersssierte" sind sie eine tolle Basis für PM-Übungen. Das Absichern eines falschen Ergebnisses kann jedoch peinlich werden.

Auch hier trübt die Hoffnung das Urteilsvermögen!

In unserem Saunabeispiel jedoch waren die Hoffnungen durchaus berechtigt.

4.1.2.2. Die Reflektion

Haben Sie sich noch nie gefragt, warum Sie in bestimmten Situationen, mit bestimmten Leuten ein angenehmes, ein prickelndes oder vielleicht auch ein unwohles Gefühl gehabt haben? Denken Sie tatsächlich, dass das immer von Ihnen ausging?
Mit solchen Situationen kann man prima arbeiten. Das geht dann teilweise weit über Abgleich, Ausschluss und Perceiving hinaus, hinein in die Manipulation oder gar in einen Bewusstseinssog.
Extrem und nicht mehr lustig ist es, wenn Sie die "Neigungen" anderer übernehmen oder aber Ihre weitergeben wollen.

Ein Beispiel aus Hellingers Buch "Ordnungen der Liebe" von mir interpretiert: Ein Mann lebt in einer homosexuellen Beziehung und fragt sich anscheinend warum. Denn warum sonst hätte er sich trotz glücklicher Homobeziehung in eine Psychotherapie begeben sollen. Der Psychoanalytiker bezieht die Familie des Sohnes in die Therapie mit ein.

Ergebnis: Der Sohn ist heterosexuell. Der Vater ist homosexuell.

Wie ist denn das nun möglich? Der Vater hat doch nicht zum Sohn gesagt: "Pass auf Sohn, ich bin schwul, aber mit deiner Mutter verheiratet. Es wäre nett von Dir, wenn Du das ausleben würdest."
Nein! Der Vater hat seine Homosexualität so intensiv ausgestrahlt, dass sein Sohn sich dem nicht entziehen konnte. Solche Neigungstransfers finden fast ausschließlich auf PM-Ebene statt und nur selten durch Vorleben.

Übrigens wird durch das Ausleben der Homosexualität des Vaters durch den Sohn der Druck auf den Vater geringer. Dadurch kann dieser sich besser "auf seine Frau konzentrieren".
Wenn Sie nun verstanden haben, dass so etwas möglich ist, dann haben Sie ein Tor zu einer anderen, größeren Dimension aufgestoßen.

Fragen wie Schuldtransfer und Schuldübernahme oder gar die Frage nach Erbschuld oder Erbsünde sind nun leicht zu beantworten.

Aber vorab schon einmal die Frage: Wer könnte denn Interesse daran haben, dass Millionen, vielleicht sogar Milliarden von Menschen, mit dem Gefühl einer Erbsünde oder Erbschuld leben?

4.2. Der Abgleich

Eine schnelle Verbesserung Ihrer Ergebnisse erreichen Sie durch den Abgleich. Speichern Sie Vorkommnisse und Ergebnisse ab und vergleichen die Gefühle, die Sie in diesen Situationen hatten. Sollten Sie eine Ergebnisprognose abgegeben haben, so überprüfen Sie, ob Sie richtig lagen und ordnen Sie das zugehörige Gefühl auch dem entsprechenden Ergebnis zu. Das gilt noch mehr bei falschen Resultaten.

Sie werden sehen, dass Ihre Speicherbank immer reicher an Beispielen mit den zugehörigen Ergebnissen und Gefühlen wird. Vielleicht haben Sie diese Datenbank schon und wissen es nur noch nicht. Sie müssen diese dann lediglich "entpacken".

Aber bitte nicht vergessen, dass keine Datenbank für so ein wichtiges Thema groß genug sein kann. Also werden Sie nicht faul und geichen Sie ab:

Hatte ich ein derartiges Erlebnis bereits?
Welches war das zugehörige Ergebnis?
Was habe ich dabei gefühlt?
Lag ich richtig oder falsch?
Warum lag ich richtig?
Warum lag ich falsch?
Was habe ich gerade gesehen?
Welche Situation habe ich gerade erlebt?
An was hatte ich gerade gedacht?
Ist der Gedanke von mir?
Oder war es ein Dauermelder(Parasit) oder jemand anderer?
Ist es überhaupt ein personenspezifisches Gefühl?
Ist es ein sachbezogenes, echtes Signal oder schon wieder der Parasit?
usw.

Der Parasit ist natürlich auch echt. Jedoch stört er den Datenfluss, saugt sich fest und belegt sie permanent. Dieser ist natürlich dazu in der Lage Sie zu täuschen und wird permanent versuchen, Ihre Empfangseinheit auf seine Sendefrequenz zu reduzieren.

Die Abfrage-, Ausschluss-, und Abgleichtechniken sind immer auf Sie persönlich abzustimmen. Das Grundmuster bleibt natürlich.

Mehr zu Energievampirismus in "Psychoenergetik, Waffenkunde für Seelenkrieger".

5. Die Hoffnung trübt das Urteilsvermögen

Bitte tun Sie sich den Gefallen und versuchen Sie nicht, hinter allem und jedem Botschaften und Sendungen zu vermuten. Vermeiden Sie alles senden zu wollen oder als versendet anzusehen und damit auch den Eingang beim Empfänger zu unterstellen. Denken Sie sich kein Können herbei, dass sich bei Ihnen noch gar nicht manifestiert hat.

Die Eitelkeit könnte den Wunsch nach schnellem Erfolg diese Technik zu beherrschen schüren und Ihr Urteilsvermögen trüben. Bleiben Sie objektiv. Und denken Sie an das Weibchen mit dem Tigermusterkleidchen. Da trübte auch die Hoffnung das Urteilsvermögen. Es war eine Botschaft an sie, nicht von ihr.

Schon mancher hat aus Eitelkeit und weil es schmeichelte, verlogenen Liebesschwüren geglaubt, obwohl er es hätte erkennen müssen. Man wacht dann auf, wenn der Schaden nicht mehr abzuwenden, das Geld weg und der seelische Schaden da ist.

So ist es auch hier. Die falschen Ergebnisse sind da und der Mut ist weg. Gehen sie mit Bedacht vor, der sprunghafte Fortschritt kommt früh genug. Die Basis muss stimmen.

Auch beim "Fussballtippspiel" laufen Sie Gefahr zu irren, weil der Wunsch, dass es für die bevorzugte Mannschaft gut laufen soll, Ihr Urteilsvermögen beeinträchtigen könnte. Dieser Wunsch überlagert und verfälscht dann das tatsächliche Gefühl.

Auch der Wunsch, dass der Missbrauch in der Familie nicht stattgefunden hat, überlagert das reale Gefühl. Vor allem aber überlagert der Wunsch des Täters nicht entdeckt zu werden Ihre Wahrnehmung.

Es gibt für fast jedes Beispiel eine Gefahr, die Sie falsch fühlen lassen könnte. Nicht so ist es beim "Newsflash". Erinnern Sie sich? Eine Botschaft in einer konzentrierten Phase wahrzunehmen? Wenn Sie hier nicht fit sind, wird es schwierig mit den anderen Techniken.

Merke: Der Unterschied zwischen einem Psychomiletiker und einem Psychotiker ist, dass beide in ein Meer aus Informationen fallen. Der Psychomiletiker kann jedoch schwimmen, der Psychotiker geht (vielleicht) unter. Also lernen Sie schwimmen!

Der Psychotiker muss aber heutzutage nicht mehr zwangsläufig leiden oder untergehen, es sei denn in der Psychiatrie. Dort kommen diese nicht mehr ganz so oft hin. Die moderne Psychiatrie hat erkannt, dass das wenig intelligente Umfeld des Psychotikers nur nicht mithalten kann und ihn loswerden will.

5.1. Was Sie auf alle Fälle tun sollten

Suchen Sie sich Übungen, die für Sie passend sind. Nehmen Sie "Spiele", die Ihnen Spass machen und natürlich solche, bei denen Sie auch erfolgreich sind.

Wenn Sie kein Fussballfan sind, dann testen Sie sich in anderen Sportarten oder Wettbewerben wie Lets Dance, Dschungelcamp oder "Deutschland sucht den Superstar". Vielleicht sind Sie ein gutes Medium, welches Trends für die Entwicklung des Zuschauervotings erkennen kann. Jedoch geht es hauptsächlich darum, das Ergebnis des Votings vor der Bekanntgabe zu wissen.

Oder wie sieht es denn mit politischen Trends bei Personen oder Parteien aus? Können Sie die Resultate von Hochrechnungen vorhersagen, ohne sich vorher informiert zu haben? Hatten Sie hier schon öfter einmal ein "glückliches Händchen"? Das wäre eine prima Basis für weitere Übungen.

Auch im privaten Bereich, dem persönlichen Umfeld ergeben sich viele Testmöglichkeiten. Erinnern Sie sich an unseren "Telefonstalker"? Ist Ihnen das nicht auch schon öfter passiert, dass Sie an jemanden dachten, der sich dann zeitnah bei Ihnen meldete?

Und wenn es nicht in Stalking ausartet, können Sie es durchaus einmal probieren, ob Sie mental einen Anruf "erzwingen" können.

Umgekehrt denken Sie daran, dass wenn Sie plötzlich das Gefühl haben, jemand anrufen zu müssen, dann muss das nicht von Ihnen ausgehen. Es ist sogar unwahrscheinlich.

Schon sehr viele Menschen haben mir davon berichtet, dass sie schon vorher genau wußten, dass eine bestimmte Person gleich anrufen wird.

Oder das Anstarren, analysieren sie es. Jeder kennt das Gefühl, wenn er beobachtet wird. Wenn man sich dann schnell in diese Richtung dreht, kann man die Person, vorausgesetzt sie hat sich nicht versteckt, auch identifizieren.

Fahren Sie zumindest anfangs nicht zu viele Testreihen gleichzeitig. Und schon gar nicht, wenn Sie nicht die nötige Ruhe dazu haben.

Denken Sie immer an Ausschluss und Abgleich, um sichere Ergebnisse zu erhalten und seien Sie besonders sorgsam bei der Auswahl eines "Spielgefährten".

Vergleichen Sie auf jeden Fall rückwirkend. Sie haben bereits tausende Erlebnisse mit Ergebnissen hinter sich. Welches Gefühl hatten Sie wann und wie war das Resultat. Das wird Ihre Datenbank extrem erweitern.

Ich bin mir sicher, dass Sie das bereits machen. Aber eben nicht bewusst. Sie brauchen das, was Sie bisher unter Lebenserfahrung abgespeichert haben und eventuell im Alltag auch beherzigen, nun nur noch unter dem Gesichtspunkt der Psychomiletik zu bewerten. Und schon sind Sie einen großen Schritt weiter.

5.2. Was Sie lassen sollten

Wenn Sie erste Erfolge laut in die Welt hinaus posaunen, laufen Sie Gefahr, dass sich Ihre Missgönner gegen Sie positionieren.

Die Motivation derer kann sehr unterschiedlich sein:

Die religiös Motivierten: Diese haben die Verwaltung von Geburt, Tod, Himmel, Hölle, Sünde und Moral in die Hände der Kirche gelegt. Auch das Sterben selbst und wie es danach weiter gehen soll, überlassen sie ihrer Religion. Für diese würde Ihre Psychomiletik natürlich auch in die Verwaltungshoheit der jeweiligen Kirche fallen. Wenn nicht, dann ist es wohl Blasphemie. Also Beschimpfung von Religionen, indem Sie etwas können, was diese, trotz Monopol und Vorbehalt des Eigentums an dieser Fähigkeit nicht können. Im Mittelalter ist man dafür noch gefoltert und verbrannt worden. Im Moment ist anscheinend sexueller Missbrauch "in".

Die Machtmotivierten: Das sind natürlich auch die religiös Motivierten. Jedoch auch alle anderen, die Ihnen Ihre Fähigkeit nicht gönnen werden. Das fängt in der Familie an und weitet sich in alle Bereiche aus. Vor allem hier laufen Sie Gefahr, bezüglich Ihrer PM-Vorhersagen angelogen zu werden, denn sie wissen, dass Sie es können. Sie liefern aber absichtlich falsche Ergebnisbestätigungen, um Sie besser beherrschen zu können.

Die Energieparasiten: Sie werden jede Gelegenheit nutzen, um sich wichtig zu machen und Wissen vorzugaukeln. Jedoch ziehen sie damit auch Energie von Ihnen zu sich. Vor allem hier sind viele kleine und große Lügen, die Ihre Fortschritte torpedieren werden, zu erwarten.

Psychomiletiker sind ausschließlich Topenergieproduzenten. Das wissen diese! Die Wechselwirkung von Psychomiletik und Energetik ist in dem Buch Psychoenergetik, "Waffenkunde für Seelenkrieger" beschrieben. Sie sind der Herr Ihrer Energie. Lassen Sie sich nicht besaugen.

Die wissenschaftlich Motivierten: Diese finden in Literatur und Wissenschaft keinen Beweis dafür, dass Psychomiletik und

Telepathie nachweisbar sind. Das habe ich natürlich auch gelesen. Ich habe diese erfolglosen Testreihen, die an Universitäten gefahren werden, kurz beschrieben. Ich habe auch erklärt, warum sie es "nicht hinbekommen" haben. Es gibt jedoch auch andere Wissenschaftler und Philosophien, die sich nicht so dumm anstellen.

Die verwaltungstechnisch Motivierten: Natürlich sind diese ebenfalls machtorientiert und auch an Ihrer Energie interessiert. Sie müssen aufpassen, dass Ihnen die "Verwalter", Ihre Fähigkeiten, nicht in ihr eigenes Bewusstsein verwalten. Sie erinnern sich an die Reflektion und das Ausleben des Schwulseins des Vaters?

Hier ist es so, dass die Verwalter Wissen und Können vorgaukeln, das sie gar nicht haben. Diese Strategie fahren diese, weil sie wissen, dass Sie es haben. Sie machen Sie neugierig und offen und loggen sich dann bei Ihnen ein. Am Ende erscheint Ihnen der Verwalter als Ihr Lehrer. Er verwaltet aber nur Ihre Fähigkeiten und beherrscht Sie. Er allein kann es nicht. Sie schon! Eltern sind in dieser Disziplin ganz groß.

Die Stehler: Man könnte die verwaltungstechnisch Orientierten auch Stehler nennen. Das hängt davon ab, wie weit sie gehen. Bedenken sie, dass, wenn Sie eine Person teilhaben lassen oder sich bestehlen oder verwalten lassen, sich Ihre Psychomiletik nicht vollständig entfalten kann. Sie dürfen keine Verbindungen eingehen. Es gibt lediglich Gefährten im Kampf.

Ein Zusammenschluss kostet zuerst einmal Bindungsenergie. Das ist wie bei den Atomen in der Physik. Diese schließen sich zu einer Zelle zusammen. Jedoch wäre die Energie der einzelnen Atome zusammengerechnet wesentlich höher, als wenn Sie in einer Zelle zusammenwirken. Das gilt noch mehr in der Psychomiletik. Vor allem besteht hier die Gefahr, dass Sie ein "Atom"(hier Stehler, Verwalter, Spielgefährte) erwischen, dass gar keine Energie hat. Dann hätten Sie sich aufgeteilt. Ein weiteres Topproblem einer zweifelhaften durch Religion beeinflussten Evolution.

Ich habe in einer normalen Gesprächsrunde erzählt, dass ich ihre Psychomiletik lesen kann. Die Aufregung war relativ mittelmäßig. Jedoch war einige Skepsis und leichte Bemitleidung spürbar. Ich wurde gefragt, ob ich denn deren Gedanken jetzt mitteilen könnte. Ich klärte auf, dass das so nicht geht und das ich lediglich Gefühle, Gedanken und Reflektionen analysiere und dann übersetze. Ihre Gedanken wären jedoch nun, durch meine Ansage, sowieso blockiert und unscharf künstlich.

Ich habe dann aber doch einer Frau von ihrem Konflikt mit dem Sohn erzählt. Den Konflikt konnte ich vorher natürlich nicht kennen. Ferner habe ich einen sexuellen Wunsch und eine liderliche Arbeitseinstellung offengelegt. Die Aufregung war dann nicht mehr nur mittelmäßig.

Die Informationen hatte ich aber schon vor meiner Ankündigung "Gedanken lesen zu können" ausgelesen. Also bevor ich erzählt hatte, dass ich Gedanken lesen kann.

Wenn Sie jemanden erzählen, dass Sie so etwas können, wird er zuerst versuchen seine Frequenz zu chiffrieren. Dann kommen Sie als Laie nicht mehr rein. Da ich mir die Codes schon vor meiner Offenlegung geholt und auch gelesen hatte, konnten diese auch nach meiner Ankündigung nicht mehr vollständig blockieren. Die Informationen hatte ich eh schon.

Ich mache das öfter so, aber in aller Regel mit den selben Leuten nur einmal. Es ist mir einfach zu anstrengend. Das heißt aber nicht, dass es in schwierigen Situationen, auch bei Widerstand, nicht klappt.

Leider passieren solche Blockaden ebenso wie Schwindeleien auch auf Seminaren und gefährden damit auch den Seminarerfolg der anderen.

Ebenfalls vermeiden sollten Sie:

Permanent Sender sowie Nachrichten aufspüren wollen.
Laufend Botschaften entschlüsseln wollen.
Alles oder jedem etwas senden wollen.
Und krampfhaft schon gar nicht, denn das muss von selbst gehen.
Entweder es geht oder es geht nicht. Wenn es nicht geht, fehlt vielleicht noch etwas.
Nicht krampfhaft einen "Spielgefährten" suchen.
Niemanden zum "Spielgefährten" überreden.
Während Sie das tun, verpassen Sie vielleicht den, der es gern macht.
Nicht permanent nach Signalen suchen!
Während Sie das tun, verpassen Sie die Echten.

Nicht um jeden Preis am "Spielpartner" festhalten.

Federball spielen macht auch keinen Spass, wenn der Partner laufend daneben haut.

Wenn Sie ein Talent sein sollten, wird man es Ihnen neiden. Neid ist eine Form der Angst und Ihre größten Neider sind häufig näher als Sie denken.

6. Psychomiletik: Die Kriegskunst der Seele

Wenn Sie das hier Geschilderte nun auch einigermaßen verinnerlicht haben, dann können wir auch ein paar Schlussfolgerungen ziehen.

Wenn es möglich ist Botschaften zu versenden, dann ist es natürlich auch möglich manipulierte Botschaften zu versenden.

Und wenn das geht, dann kann man Botschaften auch unterdrücken, umleiten oder wie bereits erwähnt Ihre Sende- und Empfangsfrequenz vollends blockieren und manipulieren.

Oder wie sonst erklärt es sich, dass Missbrauch von Kindern in der Familie erst nach Jahren oder gar nicht enttarnt wird. Angst spielt da schon auch mit.

Aber welche Angst? Die Angst einen vermeintlich "guten Ruf" zu verlieren? Oder die Angst selbst enttarnt zu werden, weil man nicht hingeschaut hat? Ist es vielleicht sogar die Angst des Täters, die Sie übernommen haben? Denken Sie an Kapitel 4.1.2.2., die Reflektion.

Jedoch ist auch die Konditionierung hier ein stetiger und "treuer" Begleiter.

Etwas Schlimmes, was jedoch leider nicht selten ist: Sie erinnern sich an die Eilmeldung? Prima! Was ist denn nun, wenn es nicht um einen Stift, ein Medikament oder ein Gewürz geht, sondern um einen Hilferuf, z.B. Ihres Kindes.

Nehmen wir einmal an, diese Meldung heißt jetzt allgemein gehalten: "Der Mann ist böse". Sie wissen vermutlich, wer mit "dem Mann" gemeint sein könnte. Nehmen wir an, Sie bekommen diese Meldung, nehmen sie aber nicht ernst.

Schlimm!

Einmal angenommen Sie bekamen diese Botschaft, sogleich darauffolgend aber ein Dementi. Von wem kommt das Dementi denn wohl? Doch nicht vom Kind, das ein echtes Notsignal gesendet hat.

Doch wohl vom "bösen Mann", der nicht enttarnt werden will. Zwar auch ein Notsignal, aber eines welches wir guten Gewissens ignorieren können.

Wenn dieses Dementi, der Zweifel, zu Ihnen durchkommt, dann heißt das, dass der "böse Mann" auch Ihre Frequenz belegt hat. Was tun Sie dann? Dem Dementierenden glauben, weil es bequemer ist?

Merke: Wenn ein solches Dementi durchkommt, kennen Sie diesen "bösen Mann". Mit "Durchkommen des Dementi" meine ich, dass Sie an der Botschaft des Kindes, sowie auch an Ihrem Gefühl zweifeln. Gerade das aber sollten Sie nicht!
Was ist denn, wenn Sie unüblicherweise besorgniserregende Gedanken bezüglich Ihrer Kinder wahrnehmen? Legen Sie diese dann unter unrealistisch, absurd oder "was bin ich heute wieder pessimistisch" ab?
Oder wollen Sie erkennen, dass diese Botschaften auf eine reale Gefahr hindeuten können und fangen unverzüglich an abzugleichen und auszuschließen. Wenn Sie dann ausgeschlossen haben:

1. Ich habe keinen schlimmen Zeitungsartikel gelesen.
2. Ich habe keinen Krimi gesehen
3. Ich habe kein diesbezügliches Gespräch geführt.
100. Es gibt letztendlich keine Umstände, die mich zu diesen Gedanken geführt haben.

Es sei denn............

Und jetzt können Sie beruhigt beginnen, die Angelegenheit zu verfolgen und Ihre, aber vor allem die Umgebung Ihres Kindes zu scannen. Es muss nicht immer sexueller Missbrauch sein. Auch Mobbing in der Schule, Erpressung des Taschengeldes usw., ist immer wieder an der Tagesordnung.

Beispiel: Eine Seminarteilnehmerin berichtet vom Raub einer Tasche während eines Spazierganges. Der Täter kam von hinten und riss Ihrem Mann die Tasche aus der Hand.
Der Schaden war nicht groß: Ausweis, Scheckkarte, 60 Euro und ein paar persönliche Dinge. Die Frau berichtete, dass Sie kurz vorher so ein "komisches Gefühl" hatte.

Hätte die Frau das Gefühl ernst genommen und sich umgedreht, wäre der Raub sicher nicht passiert! Vermutlich wäre es sogar ausreichend gewesen, die Botschaft "Ich weiß, was Du vorhast" zu senden.

Ich nenne das "Abdenken", also den Gegner informieren, dass ich seine Pläne kenne. Das reicht in aller Regel. Eine ziemlich unaufwendige Prevention.

Übrigens hat die Frau schon häufiger solche Gefahrengedanken gehabt und dieses "Abdenken" tatsächlich praktiziert. Sie hat auch mit Ihrem Gatten öfter darüber diskutiert. Jedoch waren die beiden nicht immer gleicher Meinung, was die Fähigkeit, aber vor allem die Bereitschaft zur Reaktion, hier Prevention, beeinträchtigt hat.

Außerdem hatte der Taschenräuber ihre Frequenz blockiert. Er war in diesem Moment mit seinem Willen, seiner Psychomiletik, stärker.

Fazit: Sie dürfen sich eben wie beim Autofahren keine Unachtsamkeiten erlauben.

Außerdem bedenken Sie bitte, dass der Täter die Tat immer anders sieht als das Opfer. Er strahlt deshalb eine Psychomiletik aus, die nicht normal ist. Das gilt für den Missbrauch genauso wie für normale Betrügereien in Beziehungen.

Der Täter reimt sich eine Berechtigung für die Tat zurecht und verinnerlicht diese dermaßen, dass er dies auch ausstrahlt. Doch es gibt auch hier Systeme, die Psychomiletik des Verbrechers eindeutig festzulegen.

Ein schlimmeres und auch komplizierteres Beispiel: Eine kleines Kind berichtet in familiärer Runde, das der "Onkel XY" ihre Schwester (ebenfalls noch Kind) unsittlich berührt hätte.

Die Beteiligten: Kinder, Eltern, Täter, Frau des Täters und Großmutter sind alle anwesend. Die peinliche Situation wird durch ein "Nein!" der Großmutter entschärft.

Das Ergebnis einige Jahre später: Die Scheidung ist durch, der Täter nicht mehr da und Details kommen ans Tageslicht. Die

Exfrau gesteht, dass der Täter auch andere weibliche Personen der Familie sexuell belästigt hatte.

Einige der hier Aufgeführten und vor allem der Täter selbst haben versucht einen Verdacht auf eine andere Person in der Familie zu lenken. Vielleicht um die Tat abzuschwächen. Vor allem aber, um von sich abzulenken.

Als die Situation bereinigt war, meldeten Beteiligte, dass sie bereits vor dem Bericht des Kindes und eigentlich schon immer, so ein Gefühl gehabt hätten!

Auch der zu Unrecht Verdächtigte hatte häufig ein sehr unwohles Gefühl, wenn er sich innerhalb der Familie bewegte. Kein Wunder, denn ihm wurden ja böse Dinge unterstellt. Er konnte also psychomiletisch wahrnehmen, dass etwas gegen ihn im Gange war.

Was bei diesem Ereignis nun alles real passiert?

Der Täter, seine Frau und ihre Mutter haben versucht die Tat zu vertuschen.

Mindestens die Ehefrau und ihre Mutter haben den Täter gedeckt.

Die Eltern des Kindes haben die Tat nicht offengelegt.

Es wurde ein Verdacht auf eine andere Person gelenkt.

Dadurch wurden weitere Delikte möglich.

Die Offenlegung erfolgte durch den zu Unrecht Verdächtigten.

Weitere Details kamen erst nach der Scheidung ans Licht.

Die zu Unrecht verdächtigte Person hat dieses Umfeld verlassen.

Was ist in diesem Fall aus psychomiletischer Sicht passiert?

Bereits die Diskussion sendet die Gedanken auf die Reise. Und sie kommen an! Bei dem zu Unrecht Verdächtigten und dem weiteren Umfeld. Es ist jedoch schwer für die Teilnehmer eines solchen Dramas, ein Komplott diesen Ausmaßes zu erkennen. Die Konditionierung hat hier verhindert, seinem Umfeld soviel Schmutz und Dummheit zu unterstellen.

Unser Unschuldiger hat richtig erkannt, dass in seiner Umgebung etwas nicht stimmt.

Auch andere haben sich eines Gefühls erinnert, dass mit dem Täter etwas nicht in Ordnung ist.

Anstatt das Gefühl mitzuteilen, haben Sie sich an der Diskussion gegen den Unschuldigen beteiligt.

Sie haben damit weitere Gedanken auf die Reise geschickt.

Diese sind auch angekommen und haben das schlechte Gefühl bei allen Beteiligten verstärkt.

Diese wirre Situation entlastet den bereits bekannten Täter für weitere "Aktionen".

Die Opfer fühlen sich ungeschützt und getrauen sich nichts mehr zu sagen.

Das fühlt natürlich der Täter und kann jetzt beruhigt ein höheres Risiko gehen.

Er hat ja seine "Mitwisser" bereits in der Falle, weil diese das 1. Delikt bereits mit verschleierten.

Der Druck wächst für alle Beteiligten und es folgt der Systemzusammenbruch. Er, der wider besseres Wissen einen Verdacht über sich ergehen lassen musste, verlässt den Familienverband. Der Beginn der Dinge!

Wäre der wahre Täter isoliert worden, hätte der Familienverband in der ursprünglichen Form vielleicht weiterbestehen können.

Ich denke, dass Ihnen jetzt verständlicher ist, warum ich die Psychomiletik als die Kriegskunst der Seele bezeichne.

Sie können die Psychomiletik und die Telepathie natürlich für "Spielereien" nutzen. Sie können sie aber auch für die Aufrechterhaltung der elementaren Grundsätze dieses Bewusstseins einsetzen.

Eine Fertigkeit, die "Abartige" schon lange gegen diese Aufrechterhaltung elementarer gesellschaftllicher Grundsätze einsetzen. Sie blockieren Ihre Frequenz, um ihre Taten zu verschleiern oder Sie auf eine falsche Fährte zu setzen.

Wie sonst sollte es möglich sein, dass solche Taten Jahrzehnte oder für immer im verborgenen bleiben?

Sie werden dadurch mit in die Schuld der Tat hineingezogen. Sie fühlen dann eine Verantwortung in ähnlichem Ausmaß wie der

Täter. Der Täter selbst wird durch die Mitwisserschaft der anderen auch entlastet.

Denken Sie zum Beispiel an Mütter, die jahrelangen Missbrauch der Väter an Ihren Kindern "anscheinend" nicht bemerkt haben wollen. Noch leichter verdrängen diese Mütter dies, wenn es ihr Bruder war. Denn aus deren Herkunftsfamilie kommt so etwas natürlich nicht. Für diese Einstellung sorgen da wiederum schon deren Eltern und Verwandte.

Sie verwenden Ihre Konditionierung für die Vertuschung. Nämlich die, dass so etwas immer nur die anderen machen. Psychomiletik hilft!

Sie müssen lernen zu erkennen, wer anders denkt, als er spricht!

Ein weniger schlimmes Beispiel:

Ich habe mit vielen Frauen und Männern gesprochen, die von ihren Partnern über Jahre hinweg betrogen wurden. Ich fragte diese, ob Sie denn gar nichts gemerkt hätten? Eine bei allen übereinstimmende Antwort war, dass sie schon gefühlt hätten, dass da etwas nicht stimmt.

Wenn man nicht mehr in der Lage ist, den Partner mit dem Gefühlten zu konfrontieren oder gar zu stellen, dann kann man sich beruhigt überlegen, wie tief man diesen Partner jetzt noch in sein Bewusstsein eindringen oder verweilen lässt.

Ein Beispiel: Ein Arbeitskreisteilnehmer hatte eine Beziehung, in der beide Partner eine eigene Wohnung hatten. Eines Tages hatte er das Gefühl, dass da etwas nicht mehr so synchron läuft wie sonst. Er konnte bei sich ein verändertes Verhalten beobachten.

Er nahm plötzlich nach der Arbeit auf dem Weg nach Hause einen weiteren Weg in Kauf. Er nahm den umständlicheren Weg, vorbei an der Wohnung der Partnerin. Als er dies bemerkte, fragte er sich, was er hier wohl zu kontrollieren hätte.

Er hat also das Signal für den Betrug wahrgenommen, indem er sein Verhalten kritisch hinterfragte. Eine psychomiletische

Eingebung, die er umsetzte, indem er sein Verhalten änderte. Die Übersetzung der Botschaft resultierte aus der Analyse seines veränderten Verhaltens.

Auch so kann man PM-Botschaften lesen. Indem man hinterfragt, warum man sich anders verhält als normal.

Das Ergebnis: Die Ansprache an die Partnerin kam für diese völlig überraschend und sie verriet sich selbst. Der Rest ist für uns nicht relevant.

Ein Seminarteilnehmer stellte eines Tages fest, dass er eigentlich und grundsätzlich nicht lügt. Aber er ertappte sich dann doch manchmal beim Lügen. Als er dies kritisch durchleuchtete, stellte er fest, dass er die Phasen des Lügens stets hatte, wenn er mit Personen zusammen war, die ihm "Bären aufbanden".

Diese Teilnehmer haben gelesen und sofort reflektiert. Also die Botschaft direkt in Verhalten umgesetzt. In eine Verteidigungsstrategie, nämlich Lüge mit Lüge bekämpfen. Wie gesagt Psychomiletik ist die Kriegskunst der Seele.

Viele Menschen verschwenden Jahre Ihres Lebens an Personen, die es gar nicht Wert sind. Der größte seelische Schaden basiert häufig auf der Missachtung des eigenen Gefühls. Denn man hätte es ja wissen müssen.

Noch schlimmer ist jedoch, wenn man, weil der Missbrauch schon stattgefunden hat, ihn einfach weiterlaufen lässt, anstatt die Täter zu stellen.

Das kommt leider sehr häufig vor. Die Täter machen Sie zu Mitschuldigen. Sie schwächen Sie, indem Sie permanent Ihre Frequenz durch eben diese Mitschuld überlasten und somit lahmlegen.

Das ist auch eine Form des Vampirismus. Sie ziehen Sie in die Sache hinein und rauben den Mitwissern damit die Energie, was diese handlungsunfähig macht.

Interessanterweise versuchen diese Mitwisser den energetischen Verlust bei den Opfern, denen Sie eigentlich helfen sollten, wieder auszugleichen. Saugen durch vorjammern.

Eine fatale psychomiletisch- psychoenergetische Wechselwirkung:

Der Täter schwächt das Opfer durch die Tat.
Der Täter bekommt dadurch Energie.
Der Täter vermittelt dem Opfer auch dadurch Schuld, weil er ja nicht gestellt wird.
Durch den Energieschub wirkt der Täter auf sein Umfeld stärker.
Das Umfeld des Täters scheint zu profitieren.
Der Täter zieht das Umfeld des Opfers mit in die Tat.
Das schwächt das Umfeld des Opfers.
Das Umfeld wendet sich nun an das Opfer und "bettelt" um Energie.
Sie "betteln" auch um Vergebung, denn unterbewusst wissen sie schon, was sie angestellt haben.
Das "betteln" wird getarnt durch geheucheltes Mitgefühl und Pseudohilfe.
Das sowieso geschwächte Opfer wird dadurch besaugt und weiter geschwächt.
Das Umfeld des Opfers erkennt, dass ein geschwächtes Opfer leicht zu beherrschen ist.
Das Umfeld realisiert nun auch die Vorteile.
Das Umfeld wird dem Täter helfen, weitere Taten zu begehen.
Das Umfeld ist der Komplize des Täters.
Dieser perfide Kreislauf wird erst durch Enttarnung der "Tätergruppe" gestoppt.

Effektiver, auch in Bezug auf Strafe für die Tätergruppe wäre es, wenn das Opfer den Verband verlässt.

Der energetische Supergau für die Tätergruppe. Ausgesaugt! Und vergessen Sie beim Verlassen nicht die negativen Energien zurückzulassen.

Sie müssen es erkennen und tun! Auch deshalb brauchen Sie diese Kriegskunst der Seele.

Haben Sie auch schon Ihre effektivste Waffe aufgegeben? Wenn ja, sollten Sie diese schnell wieder aktivieren.

6.1. Gefahrenabwehr durch Psychomiletik

Eines Tages fuhr ich, wie fast jeden Tag, mit dem Rad in Richtung Arrecife. Vor dem Flughafen auf Lanzarote ist ein Platz mit einem Gebäude für öffentliche Toiletten. Ich beschließe diese Toilette zu nutzen, da man in Arrecife selbst nie weiß, ob das Rad noch da ist, wenn man zurückkommt.

Um diese Zeit ist normalerweise noch niemand unterwegs. Ich habe den Ort noch nicht erreicht, trotzdem beschließe ich das Rad dieses mal abzuschließen. Und das obwohl der Platz von der Toilette aus einzusehen ist.

Ich frage mich warum?

Ich beginne nun mental die nähere Umgebung intensiver zu scannen. Die Folge ist, dass sich ein unwohles Gefühl einstellt. Ich erreiche den Platz und sehe sofort einen jüngeren Mann, der ca. 30 Meter von dem kleinen Gebäude entfernt sitzt. Er hält eine Dose in der Hand und steht auf, als ich ankomme.

Ich werte das als ungewöhnlich und mein unwohles Gefühl verstärkt sich. Ich schließe mein Rad ab und bewege mich in Richtung Toilette. Der junge Mann wirft die Dose, welche leer war, in den Abfalleimer nahe des Gebäudes. Auf seinem Weg zum Gebäude wären aber noch 2 weitere Abfalleimer gewesen.

Die Verdachtsmomente häufen sich und mein Gefühl ist bei mir sowieso Gesetz. Ich benutze die Toilette, während der Mann dieselbe betritt und mich vom Spiegel aus beobachtet.

Ich überlege, wie ich, falls er näher kommt, meinen Ellenbogen in seinem Gesicht, besser an seinem Hals, platziere. Das ist während des Pinkelns gar nicht so einfach. Der Mann kommt in meine Richtung und spürt meine psychomiletische Botschaft. Ich verfolge auch jede seiner Bewegungen. Er traut sich nicht anzugreifen, stattdessen macht er ein sexuelles Angebot. Ich lehne ab und verlasse den Ort.

Da dort wegen der Touristen immer Polizeistreifen patrouillieren, fahre ich nur "ums Eck" und warte auf die nächste Streife. Ich beschreibe den Mann und den Vorfall. Später bedankt sich die Polizei. Deren "alter Bekannter" war noch vor Ort und wartete wohl auf ein leichteres Opfer.

Natürlich hätte ich wegen des unguten Gefühls auch vermeiden können, die Toilette aufzusuchen. Dann jedoch hätte ich kein überprüfbares Ergebnis erzielen können.

Dies ist nun keine Aufforderung an Sie, sich bei einem Gefühl von Gefahr in diese hineinzubegeben. Ich halte hier normalerweise auch Distanz.

Merke: Sie können sich verstellen und uns belügen, aber sie können nicht verbergen, wer sie sind. Denn ihre Psychomiletik teilt uns permanent mit, wer sie sind oder was sie vorhaben.

Erinnern Sie sich an den Handtaschenraub aus dem vorherigen Kapitel? Die Frau hatte so ein "komisches Gefühl", bevor der Taschenräuber ihrem Mann die Tasche entriss. Hätte sie auf ihr Gefühl gehört und sich umgedreht, hätte der Raub sicher nicht stattgefunden.

Wahrscheinlich hätte schon der Gedanke "Ich weiß was Du vorhast" ausgereicht, um diese Tat zu verhindern. Das hängt aber auch von der Intensität der Psychomiletik ab. Da war der Täter mit seinem Wunsch nach einer erfolgreichen Tat wohl stärker.

Was hat die Frau gehindert sich umzudrehen? Ich drehe mich immer um, wenn ich ein ungutes Gefühl habe. Das muss nicht immer ein Verbrecher sein. Das kann genauso ein undisziplinierter Verkehrsteilnehmer sein.

Hat der Räuber für diesen Moment den Willen der Frau beherrscht? Habe ich in dem anderen Vorgang den Willen des Angriffsbereiten gebrochen? Oder war es bei der Frau schlicht, dass Sie ihrem Gefühl nicht vertraute.

Es stellte sich nämlich heraus, dass sie mit ihrem Mann schon öfter solche Gefühle zu definieren versuchte. Haben die Beteiligten diese Waffe vernachlässigt, weil nie etwas passiert ist? Oder haben die beiden in der Vergangenheit, eben durch Erfassung der Gefahr, bereits solche Gefahren abgewehrt.

Das hieße, dass, weil eben nichts passiert, man diese Signale nicht mehr ernst nimmt. Die Konsequenz ist dann, dass man auch nicht mehr preventiv wirkt. Häufig reicht bereits dieses Abdenken.

Also dem Gegner auf PM-Basis mitzuteilen, dass er erkannt ist. Damit so eine Tat erst gar nicht entsteht.

Das Problem ist, dass die Menschen ihren Gefühlen nicht vertrauen. Wenn nie etwas passiert, man also erfolgreich abdenkt, dann schläft diese Technik häufig ein. Sie sind dann nicht mehr in Alarmbereitschaft. Der Gegner kann diese Schwäche erkennen und schlägt zu.

Sie können nun beruhigt darüber nachdenken, ob Sie bereits erfolgreich "abgedacht" haben.

6.2. Die energetischen Auswirkungen

Die energetischen Auswirkungen der beiden Vorfälle sind komplett gegensätzlich. Während der Straßenräuber gestärkt aus der Situation hervorging, musste sich der andere einer polizeilichen Untersuchung stellen.

Der Taschenräuber hat nicht nur das Geld und den Rest der Sachen, sondern auch das "gute Gefühl" eines gelungenen Raubes. Er sieht sich bestärkt in seinem Tun, denn er war erfolgreich. Er wird es wieder tun!

Hätte sich die Frau umgedreht, hätte der Dieb seine Energie fehlinvestiert. Ob er die Energie und den Mut für einen zweiten Anlauf bei anderen Opfern gehabt hätte, wissen wir nicht. Ob er den Schub, erzeugt durch den erfolgreichen Raub, noch am selben Tag für einen weiteren Raub nutzte, wissen wir auch nicht.

Die Frau, also das Pärchen, hatte ein schlechtes Gefühl. Zu dem kleinen Geldverlust kommt die Rennerei zur Polizei. Auch das Sperren der Scheckkarte und das Erneuern der Papiere kostet Energie. Der größte Posten aber ist wohl das Gefühl, etwas falsch gemacht zu haben.

Der Mann aus dem Toilettenhäuschen hatte bestimmt keinen guten Tag. Er hat seine Energie in ein Vorhaben gesteckt, welches er sich nicht mehr auszuführen wagte. Er traute sich nicht mehr, weil er meine Psychomiletik, meinen Widerstandswillen, deutlich zu spüren bekam. Schon allein durch die Tatsache, dass ihn die Polizei mitgenommen hat, hat er an diesem Tag, vielleicht auch viele Tage, nichts mehr anstellen können.

Energetisch hat sich das auf seine persönliche Umgebung negativ ausgewirkt. Anstatt mit Beute und gut gelaunt, kommt er nun gebrochen.

Ich hatte einen Supertag und ein Ergebnis, das ich bis ins kleinste Detail auswerten konnte. Es hat mich bestärkt in dieser Richtung weiter zu forschen, mit glänzenden Ergebnissen! Den energetischen Schub konnte ich ganz intensiv spüren.

Hätte ich nicht aufgepasst, hätte ein Schubs gegen meinen Hinterkopf genügt, um mit dem Gesicht gegen die Fliesen zu knallen. Das ist nicht nur nicht gut für Nase und Zähne, sondern kann auch irre teuer werden. Die Laufereien gar nicht mitgerechnet.

Erinnern sie sich an das Buch "Psychoenergetik: Waffenkunde für Seelenkrieger"? Schon eine kleine Energiezuwedung kann aus einem kleinen Ganoven einen Großen machen. Leute wie Schneider und Madoff, aber auch Serienmörder und Diktatoren haben einmal klein angefangen. Hätte man solche "Karrieren" abfangen können?

Bei Schneider, Madoff, Hitler, Napoleon sowie einigen Serienmördern ist es bewiesen, dass man sie hätte stoppen können. Das ist von Historikern und Analysten erforscht und belegt.

Ich behaupte aber, dass man alle abfangen kann! Wenn Sie sich von den Menschen lösen, die diese Personen "beschützen", können Sie diese viel schneller und klarer erkennen.

Denken Sie an das Beispiel: sexueller Missbrauch in der Familie. In unserem Fall war es die Großmutter, die als Schutzpatronin des Täters fungierte. Sie wollte wohl nicht, dass der Lieblingsschwiegersohn in so einen Verdacht gerät. Die Frau des Täters, vielleicht die Lieblingstochter unserer Schutzpatronin, wollte selbstverständlich auch nicht, dass ein Makel an ihrer Fassade sichtbar wird. Um des lieben Friedens willen wurde die Sache dann eben von allen unter den Teppich gekehrt.

Wenn Sie sich in so eine Falle hineinlocken lassen, dann sind Sie irgendwann mitschuldig und merken es nicht einmal. Sie realisieren nur ein schlechtes Gefühl, das mit dem Alter immer schlechter wird. Sie rutschen immer tiefer hinein und irgendwann sind Sie vielleicht selbst ein Schutzpatron. Sie hätten nun Ihre Energie in ein vollkommen böses Projekt investiert und werden energetisch dafür bezahlen!

So installiert sich Erbschuld!

Gut, nun nehmen wir also an, das es so ist, wie ich es behaupte. Sie sind also in der Schuld gefangen, weil Sie ihre Energie an das Böse gegeben haben. Das Böse, das sich energetisch nicht mehr regenerieren kann, weil es die universellen Regeln gebrochen hat.

Wenn Sie erlernen, Ihre Psychomiletik zu kontrollieren und die der anderen zu lesen, werden sie sehen, dass es so ist. Das ist hundertprozentig!

Wie kommen Sie aus so einer Situation wieder heraus? Hoffen Sie, dass Gott ihnen vergibt? Was ist, wenn er nicht will? Was ist, wenn es ihn gar nicht gibt? Wer kann dann die Schuld von Ihnen nehmen? Doch nur der "Gläubiger"! Wenn der aber nicht will, dann entwickelt sich eben alles so, wie es seit Jahrtausenden läuft.

Es hat sich ein aufgeblähtes Konstrukt aus Schuld und Sühne installiert, indem die Produktion von Schuld deutlich die Überhand genommen hat.

7. Die Blockade und Manipulation Ihrer Frequenz

Ich habe eben beschrieben, dass der Taschenräuber die Handlungsfähigkeit des Paares negativ beeinflusst hat. Er hat gehofft, dass sich niemand umdreht, damit er die Tasche entreißen kann. Die Frau, die per Gefühl erfasste, dass etwas nicht stimmt, hatte nicht die Entschlossenheit oder die Kraft sich diesem Willen zu widersetzen. Der Räuber war in diesem Moment mit seiner Psychomiletik stärker, auch weil er entschlossener war. Natürlich hatte er auch den Überraschungsmoment auf seiner Seite. Diesen Überraschungseffekt hätte er nicht mehr gehabt, wenn die Frau ihrem Gefühl vertraut hätte. Aber wie ist das bei Vergewaltigungen und Mord? Haben die Opfer vor der Tat keine Angst verspürt? Was wäre gewesen, wenn diese sofort angefangen hätten wegzulaufen, als das Gefühl der Gefahr sie erreichte?

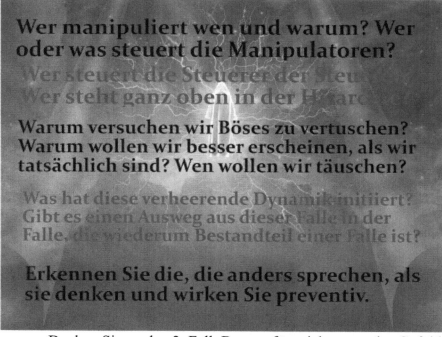

Denken Sie an den 2. Fall. Da war für mich zuerst das Gefühl und dann die erhöhte Wachsamkeit. Ich habe ihn permanent beobachtet. Und dann natürlich meine geistige Botschaft an den potentiellen Angreifer: "Ich weiß, was Du vorhast und ich bin vorbereitet". Auch wenn dieser kein Psychomiletiker ist, so spürt dieser doch, dass es diesmal nicht so leicht wird.

Man macht es ihnen also leicht. Ich meine hier natürlich nicht nur den Räubern, sondern auch jenen, die ihre Partner betrügen. Aber natürlich auch sexuellen Missbrauch oder Betrug oder jeden anderen entsprechenden Bereich.

Wieso ist es möglich, dass über Jahre hinweg solche Taten von nahestehenden Personen nicht aufgedeckt werden? Sicher ist es ein mafiöses System energetischer und psychomiletischer Verstrickungen, die Sie nicht frei entscheiden lassen.

Ihre Frequenz ist permanent beeinflusst. Sie sind in diesem Moment nicht frei genug, um richtig zu entscheiden. Richtig entscheiden heißt, sich gegen die böse Tat zu entscheiden, auch wenn es gegen ein Familienmitglied ist.

Merke: Unter dem Zwang einer Gruppe oder einer Wertegemeinschaft kann sich Ihre Psychomiletik nicht frei entfalten.

Aber wie ist es bei kriminellen Neigungen? Geben Eltern ihre kriminelle Energie an ihre Kinder weiter, um selber besser da zu stehen? Natürlich schützen sie sie dafür. Denken Sie an die Schutzpatronin.

Als Konditionierer haben die Eltern exzellente Möglichkeiten die Frequenzen zu manipulieren und somit ständig Einfluss zu nehmen. Das gilt selbstverständlich für alle Bereiche dieses Bewusstseins.

Reden sich diese Eltern tatsächlich ein, dass sie es nur gut meinen und versenden diese Botschaft an ihre Umgebung, bevorzugterweise an die Kinder? Eine Botschaft, derer sich die Kinder, da konditioniert, nur schwer bis gar nicht mehr entziehen können.

7.1. Was ist eine Frequenz?

1. Die Frequenz ist in Physik und Technik ein Maß dafür, wie schnell bei einem periodischen Vorgang die Wiederholungen aufeinanderfolgen, z.B. bei einer fortdauernden Schwingung. Sie ist der Kehrwert der Periodendauer. Das ist zu kompliziert!

2. Bei Wellen ist die Frequenz über die Phasengeschwindigkeit mit ihrer Wellenlänge verknüpft.

Das ist schon leichter, denn der Satz enthält das Wort Wellenlänge.

Umgangssprachlich wird das Wort "Wellenlänge" häufig genutzt. Den Satz, "Das liegt genau auf meiner Wellenlänge" kennen Sie genau. Damit ist gemeint, dass man die Person, das Lied, die Ideologie etc. gut verstehen kann.

Wenn Sie etwas nicht mehr gut verstehen, also etwas nicht mehr auf Ihrer Wellenlänge ist, dann bekommen Sie ein Problem mit der Wahrnehmung. Unter Umständen ist die gesamte Wahrnehmung komplett blockiert oder mindestens manipuliert.

Sie können sich in den allermeisten Fällen aus so einer Situation leicht lösen, indem Sie die Personen meiden, die nicht auf "Ihrer Wellenlänge" sind.

Nicht mehr ganz so einfach ist eine Meidung in Vereinen, Verbänden oder sozialen Einrichtungen. Problematisch wird es in der Arbeit, besonders wenn der Chef plötzlich andere oder gar keine Signale mehr auf Ihrer Frequenz sendet. Da ist die Meidung, also Trennung, mit Aufwand und Kosten verbunden.

Noch schwieriger ist es in der Politik! Da geht es um Mehrheiten. Wenn Sie eine Minderheit gewählt haben, dann werden Sie eben von denen regiert, die nicht auf "Ihrer Wellenlänge" sind.

Schlimmer noch ist, wenn die die gewählt wurden, plötzlich etwas anderes machen, als sie vorgaukelten. Denken Sie an den Nationalsozialismus oder das Merkel. Was das Merkel gegenwärtig in der Flüchtlingskrise und Coronapandemie anstellt, kann durchaus die Dimensionen der Hitlerzeit erreichen. Es sei denn, sie wird von Trump und Putin gestoppt.

Was ich damit sagen will ist, dass Ihre Frequenz permanent belastet und manipuliert wird. Das passiert in Familie, Arbeit, Gesellschaft. Mit Frequenz meine ich Ihre Wahrnehmung, Ihr Gefühl.

Schulen Sie Ihr Gefühl, damit Sie die Psychomiletik der anderen richtig lesen können. Dieses Gefühl könnte Ihnen in diesem Geflecht aus Manipulation, Lüge und Erpressung abhanden gekommen sein. Erkennen Sie die, die anders denken, als sie sprechen.

Kinder haben es besonders schwer sich ihre psychomiletischen Fähigkeiten zu bewahren, denn sie haben einen Feind, den keiner so richtig auf der Liste hat.

8. Die Psychomiletik der Kinder

Bei den meisten Kindern wird das Vertrauen in ihr Gefühl, Wahrnehmungen richtig zu interpretieren, bereits in der Kindheit vollständig zerstört. Dafür sorgen schon deren Eltern und andere nahestehenden Personen, die auf die Erziehung Einfluss haben. Es muss nicht immer böser Wille sein. Auch mangelnde spirituelle Intelligenz oder die eigene Konditionierung stehen den Eltern und anderen hier im Weg.

Kennen Sie folgende Aussagen oder Fragen von Kindern?

Gell Mami, Du bist jetzt traurig?
Haben Papi und Du Euch nicht mehr lieb?
Habt Ihr Euch gestritten?
Die Tante hat Dich jetzt geärgert?
Haben wir kein Geld mehr?
Hat Papi keine Arbeit mehr?
Gell, Du magst die Frau auch nicht?
Der Mann ist böse!
Der Onkel lügt.

Immer wenn die Antwort unangenehm wäre, wird häufig gelogen. Damit will man das Kind, aber auch sich selbst schützen. Vielleicht ist das für den Moment auch das Richtige, denn Kinder posaunen ja alles in die Welt hinaus.

Für die Psychomiletik Ihrer Kinder ist es aber eine Katastrophe. Denn das Kind vertraut ja in seine Eltern und hat nun gelernt, dass es sich in seinen Wahrnehmungen täuschen kann.

Das Kind hat ein klares Gefühl der Trauer, Wut oder Angst wahrgenommen und mitgeteilt. Die Eltern haben mit dieser, sagen wir "Notlüge", dem Kind gelernt, dass es sich auf sein Gefühl nicht verlassen kann.

Je häufiger das Kind solche "Misserfolge" verzeichnen muss, desto weniger wird es sich auf sein Gefühl verlassen. Und eines Tages sind deren psychomiletische Fähigkeiten ganz eingeschlafen. Sie hätten dann Ihren Kindern die effektivste Waffe weggenommen.

9. Psychomiletik oder Telepathie?

Damit Begriffsfeinheiten nicht zu Verständnisproblemen führen, will ich nochmals intensiver auf den Unterschied zwischen Telepathie und Psychomiletik eingehen.

Natürlich könnte man alles unter dem einen, sowie auch dem anderen Begriff abwickeln. Für das tiefere Verständnis ist jedoch eine Differenzierung notwendig.

Die Psychomiletik ist also das, was die Seele ausstrahlt oder aussendet.

Nicht zu verwechseln mit der Aura, welche sichtige Menschen sehen können. Diese Sichtigen nehmen die Aura in Form eines bestimmten Farbspektrums wahr, welches den Körper lichtkranzartig umgibt.

Obwohl hier gewiss auch Gemeinsamkeiten erkennbar wären, geht es nicht um das visuelle Wahrnehmen einer Ausstrahlung.

Die Psychomiletik ist die geistige Botschaft, die mich erreicht. Kann ich mich sicher fühlen? Ist das Wesen mir wohl gesonnen? Verspüre ich Druck, oder kann ich mich ungezwungen geben?

Eine Botschaft kann also auch Unsicherheit oder Angst auslösen. Dies kann unterschiedliche Gründe haben. Schlechte Erfahrungen machen Menschen vorsichtig und Sie geben sich nach außen hart, unfreundlich und ablehnend. Vielleicht pflegen sie sogar ein überhebliches und rechthaberisches Gebaren.

Sie tun dies auch dann oder gerade eben deswegen, da sie ein ganz anderes Wesen innehaben. Ein liebenswertes und liebevolles Inneres.

Das nach außen Getragene war nur der Schutzschild. Das Innere versuchen sie jedoch zuerst zu verbergen, um keine Angriffsfläche zu bieten. Sie wissen sicher, dass liebevoll und hilfsbereit oft mit blöd verwechselt und dann ausgenutzt wird.

Umgekehrt, und das kommt wesentlich häufiger vor, versuchen sich die Parasiten, die Ratten, die Schnorrer etc. zu tarnen, indem sie eben vorgeben, hilfsbereit und liebevoll zu sein, um sich bei Ihnen einloggen zu können.

Genauso, wie das liebevolle und hilfsbereite Wesen sich nicht lange ablehnend einem vielleicht Hilfesuchenden gegenüber verhalten wird, kann ein nur zur Tarnung hilfsbereiter Parasit, diese angebliche Hilfsbereitschaft auch nicht lange aufrechterhalten. Meist kann er es gar nicht leisten.

Beide Wesenstypen können also ihre wahre Natur nicht lange verbergen. Ich rede hier von einer Regel, was heißt, dass es auch Ausnahmen gibt. Diese sind etwa positive Wesen, die das Spiel längst durchschaut haben. Leider aber auch negative Wesensarten, die erkannt haben, dass es einer "Investition" bedarf, um abgreifen zu können.

Die Sprüche dieser Pseudohilfsbereiten kennen wir alle: „Wenn Du einmal etwas brauchst ..., wenn Du einmal reden willst ..." Auf diese Weise wollen sie ein Art Beziehung oder Freundschaft vortäuschen.

Das sind häufig vorbereitende Maßnahmen für einen Angriff. Der, der diese Hilfe anbietet, wird in aller Regel zuerst bei Ihnen anklopfen, weil er etwas braucht oder haben will. Sie werden es der Person vermutlich geben, denn diese hat ja signalisiert, dass sie im "Ernstfall" auch für Sie da sein wird.

Wenn allerdings der "Ernstfall" einmal eintritt, dann geht es eben gerade in diesem Moment nicht. Mit dieser Ausrede haben diese Personen kein Problem.

Es ist jedoch auch möglich, dass diese Personen, den Gefallen prophylaktisch anbieten, um später doch noch unter einem Vorwand abzusagen. Dieses Szenario kennen wir alle hundertfach, vielleicht sogar tausendfach.

Natürlich könnte man bei so einem Hilfsangebot gleich den Test machen und eben um einen Gefallen bitten. Das tun aber normale Opfer nicht. Sie werden nämlich nach dem Muster ausgespäht, dass das eben nicht passiert. Dabei wäre genau dies eine gute Übung in Bezug auf Psychomiletik, die wahre Seelenbotschaft zu provozieren. Herauskitzeln ist ein besserer Ausdruck.

So eine Reaktion würde die Parasiten nämlich überraschen und die Maske, die Tarnung, fällt. Nun können Sie die wahre Botschaft dieses Wesens auch psychomiletisch fühlen.

In der normalen Realität, weil eben das Hilfersuchen abgelehnt oder nur pseudomäßig bestätigt wurde. Dies erkennt man an der Miene und Gestik der Person.

Die Pseudoannahme spürt man aber wiederum auf PM-Basis, denn die Seelenbotschaft verändert sich, wenn das andere Wesen sich innerlich zurückzieht.

Aber auch telepathisch kann man es in diesem schönen Beispiel wahrnehmen, wenn sie in dieser Situation plötzlich ein skeptischer Gedanke erreicht.

Dieser ist durch den Gedanken Ihres Gegenübers ausgelöst worden, der zur Prophylaxe, und um das Gesicht zu wahren, zugesagt hat.

Das Zurückziehen, das Ertappt-werden, ist mit einem Gefühl verbunden. Dieses Gefühl hat eine unverwechselbare Signatur, die Sie immer wieder abrufen können. Auch bei anderen Personen, die in ihrer Wesensart ähnlich sind.

Außerdem haben Sie nun seine Frequenz!

Die Tatsache, dass der geforderte Gefallen nicht stattfinden wird, kann also auf telepathischem und psychomiletischen Weg erfasst werden.

Psychomiletisch durch das beim ersten Mal unbekannte, pessimistische Gefühl. Später durch die Ihnen bereits wohlbekannte Signatur.

Telepathisch erfolgt die Enttarnung durch einen Gedanken, den Sie, wenn er Sie erreicht, zu Beginn vielleicht nicht eindeutig zuordnen können. Das kann ein aggressiver, ein abwertender oder ein skeptische Gedanke sein.

Sie fragen sich dann vielleicht, wie Sie zu so einem Gedanken kommen, wo Ihnen doch gerade ein freundliches Angebot gemacht wurde. Es sind die Gedanken des Anbietenden, der dies eben nicht ernst gemeint hat. Sie sind also aggressiv, weil Sie verarscht werden und es nicht merken dürfen.

Wie schon erwähnt haben sie bereits eine Wissensdatenbank, die auch mit Gefühlen verbunden ist. Gefühle dahingehend, dass sich in bestimmten Situationen, die Ausstrahlung und die Botschaft der Parasiten rapide verändert.

Sie kennen diese negativ Psychomiletik der Parasiten bereits. Jetzt müssen Sie nur noch lernen auf Ihr Gefühl zu hören.

Typisch für dieses Beispiel ist, dass Sie im Laufe des Tages bereits erfassen, dass da etwas auf Sie zukommt.

Natürlich kann man diese Dinge auch mit Lebenserfahrung meistern, aber nicht vergessen: Es ist immer mit einem Gefühl verbunden. Und wenn Ihnen das Gefühl wieder begegnet, sind Sie schon vorgewarnt. Außerdem gibt es auch unsichtbare Feinde, die Strippenzieher.

Wenn Sie vor einem Termin Gefahr wittern, in dem Termin dieses Gefühl wieder verschwindet, dann gibt es mehrere Möglichkeiten:

Es kann es sein, dass es Ihre Angst vor Fremdem war, die Sie zuerst pessimistisch sein ließ.

Lösen neue Begegnungen grundsätzlich Unbehagen in Ihnen aus?.

Hat sich die Person in dem Gespräch in ein positives Licht rücken können?

Trägt die Person eine Maske?

Wer ist der Strippenzieher hinter der Person?

Es geht also wieder um das Ausschließen und das Abgleichen.

Bitte nicht vergessen: Man kann sich auch wegen ernsterer Dinge einloggen, als nur einen Gefallen stehlen zu wollen.

10. Psychomiletik und Tiere

Natürlich ist Ihnen allen bekannt, dass telepathische oder psychomiletische Fähigkeiten bei vielen Tieren wesentlich ausgeprägter sind als bei den meisten Menschen.

Hunde z.B. erkennen sehr wohl, ob ihnen die Psychomiletik eines Artgenossen oder Menschen passt oder nicht. Sie könnten jetzt behaupten, dass die Vierbeiner sich das erschnüffelt haben und dies nichts mit paranormalen Fertigkeiten zu tun hat.

Hunde spüren jedoch auch, wenn sich ihre Herrchen von der Arbeit auf den Weg nach Hause machen und warten dann schon viele Minuten vor deren Ankunft, an der Tür oder dem Fenster. Das ist nun nicht mehr mit dem enormen Geruchssinn Ihres Hundes zu erklären.

Auch bei Bienen- oder Ameisenvölkern und Termiten ist bekannt, dass nicht nur über Geruch oder Sekretertastung kommuniziert wird. Und wie ist das mit den riesigen Fischschwärmen? Ist das wirklich nur SONAR?

Wenn Sie eine Mücke totschlagen wollen, dann sollten Sie Ihre Mordabsichten zumindest dieser Mücke gegenüber geheim halten. Sie würde Ihre mörderische Psychomiletik erkennen und den Standort wechseln. Dann können Sie mit der Suche von vorne beginnen.

Diese Tatsache haben Sie bestimmt schon öfter erlebt. So etwas kann man testen! Denken Sie an etwas anderes, während Sie die Fliegenklatsche holen und sich wieder heranpirschen. Der Moskito wird dann noch da sein.

Wenn Sie dies nicht beherzigen, ist der Moskito weg und die Suche beginnt von Neuem.

Ich will aber auf zwei Experimente mit Affen näher eingehen: Das erste Experiment heißt der 100. Affe:

In den 50er Jahren beobachteten Wissenschaftler auf einer japanischen Insel eine Gruppe von Affen. Schließlich begannen die Forscher, den Tieren als Nahrung Süßkartoffeln zu geben. Sie warfen die Kartoffeln in den Sand. Nach und nach verbreitete sich unter den Tieren das Verhalten, die sandigen Kartoffeln vor dem

Verzehr zu waschen. Ein Jungtier hatte dies seinen Eltern beigebracht. Das Tier hatte wohl keine Freude daran, eine verschmutzte Kartoffel zu verzehren.

Mehr und mehr Tiere übernahmen dieses Verhalten, bis eines Tages eine kritische Anzahl erreicht wurde. Wir nehmen hypothetischer Weise an, dass es 99 Affen waren. Mit dem Hinzukommen des hundertsten Affen überschritt die Zahl jedoch offenbar eine Art Schwelle, eine bestimmte kritische Masse, denn die Verhaltensweise konnte nun auch auf anderen Inseln und dem Festland festgestellt werden.

Das heißt, dass das Bewusstsein einzelner Affen auf ihre gesamte Art Einfluss nimmt. Dieses Bewusstsein und Wissen wird auf psychomiletische und telepathische Weise ausgestrahlt und eben auf diese Weisen auch wahrgenommen. Je mehr Artgenossen ihre Psychomiletik in eine bestimmte Richtung lenken, desto stärker der Druck auf Veränderung für die ganze Art.

Während man das nachahmende Verhalten innerhalb der erforschten Affenherde beruhigt als "gesehen und nachgemacht" interpretieren kann, kann diese Erklärung für die anderen Inseln und das Festland nicht mehr gelten. Vielmehr scheint das Verhaltensmuster sogar natürliche Barrieren übersprungen zu haben.

Das Fünf-Affen-Experiment:
Eine Gruppe von Forschern sperrt 5 Affen in einen Käfig, in welchem eine Leiter steht. An deren Ende wurden Früchte deponiert. Jedes Mal, wenn ein Affe die Leiter erklomm, um die Früchte zu holen, haben die Forscher die anderen Affen mit kaltem Wasser nass gespritzt.

Nach einiger Zeit schlugen die anderen Affen den Affen, der versuchte die Leiter hochzuklettern. Danach versuchte keiner der Affen mehr hochzuklettern.

Die Wissenschaftler beschlossen nun, einen der Affen auszutauschen. Das erste, was der ausgewechselte Affe machte, war die Leiter hochzuklettern. Die anderen Affen schlugen ihn dann im Anschluss und nach einigen Schlägen hatte der neue Affe gelernt, dass er die Leiter nicht hochklettern durfte. Er wusste nur nicht warum.

Der zweite Affe wurde ausgewechselt und dasselbe Szenario passierte erneut. Der erste ausgewechselte Affe beteiligte sich am Schlagen des zweiten Affen. Nun wurde ein dritter Affe ausgetauscht und alles wiederholte sich. Dann wurde der vierte Affe ausgetauscht und zum Schluss der fünfte Affe.

Was übrig geblieben war, war eine Gruppe von fünf Affen, die, obwohl sie nie eine kalte Dusche bekommen hatten, jeden zusammenschlugen, der es wagte die Leiter hinaufzuklettern. Wenn es möglich wäre, die Affen zu fragen, warum sie jeden schlugen, der die Leiter hinaufkletterte, würden sie wahrscheinlich antworten: „Ich weiß nicht, aber so wird das hier nun einmal so gemacht.

Auch wenn diese Experimente nun häufig zerredet und als unwahr oder als teilweise anders dargestellt werden, so treffen sie genau auf den Menschen und dessen Verhalten zu. Allein aus diesem Grund sind sie für mich absolut authentisch.

Im Zeitalter alternativer Fakten und Internet kann natürlich jeder seinen Unsinn verbreiten, sowie auch alles als Unsinn anzuweifeln.

Wie ist das denn nun mit den Menschen? Oder, um es überschaubarer zu machen, wie sieht es in der Familie aus? Haben Ihre Eltern etwas von deren Eltern gelernt, was Ihre Eltern dann an Sie weiterkonditioniert haben? Wird dies seit Generationen weitergegeben, obwohl es nicht mehr gültig ist, oder vielleicht sogar nie gültig war? Befinden auch Sie sich in einer ausweglosen Falle? Die der Erbschuld?

Ein Erbe, bestehend aus Schulden, kann man ausschlagen. Außerdem kann der Gläubiger immer noch festlegen, dass der Verursacher der Schuld bezahlt.

Wie ist das nun mit der Kirche, die nicht nur im Mittelalter Hochbegabte gefoltert und getötet hat? Sie wollten diesen damit ihre seherischen und heilerischen Fähigkeiten austreiben, weil es angeblich Teufelswerk gewesen sei. Ist es nicht eher Teufelswerk, wenn man diese "göttlichen" Fähigkeiten nicht oder nicht mehr hat?

Wollten die Kirchenfürsten und andere Teuflische damit Gott treffen? Oder hofften sie diese Kunst durch die Konditionierung in ihr eigenes Bewusstsein transformieren zu können?

Ist die neue Folter der bewiesene, zehntausendfache Missbrauch von Kindern und Jugendlichen innerhalb religiöser

Vereine? Hat dies den gleichen Zweck, nämlich der Transformation von Fertigkeiten in ein anderes Bewusstsein? Hat das jemals funktioniert? Denken Sie an unseren Energieträger aus Kapitel 5.

Da die katholische Kirche nach wie vor nach demselben Muster irrlehrt, gehe ich davon aus, dass es niemals funktioniert hat. Nun bin ich kein Religionswissenschaftler und kann zu anderen Religionen nichts sagen, aber von außergewöhnlichen Talenten ist mir hier noch nichts zu Ohren gekommen.

11. Zusammenfassung

Es gibt also unterschiedliche Empfangs- und Sendetechniken für Psychomiletik und Telepathie. Diese kann man für unterschiedliche Zwecke einsetzen. Sie können Ihre Psychomiletik also nicht nur dafür benutzen, um zu erfahren, ob Ihr Nachbar Sex mit Ihnen haben will, sondern auch um zu erkennen, ob etwas "Schlimmes" im Anflug ist.

Besser ist, man fängt es vorher ab. Aber dazu müssen Sie es erst erkennen. Dabei helfen Ihnen die vielen kleinen Übungen, die ich beschrieben habe.

Die aus meiner Erfahrung einfachste Methode in die Thematik einzusteigen, ist die Eilmeldung. Für den "Neueinsteiger" ist diese am eindeutigsten und am einfachsten zu erkennen und abzugleichen.

Erst wenn Sie die einfachen Botschaften (Malstifte, Gewürz, Medikament) unbeschwert als wahr nehmen können, werden Sie auch "unglaublichere Nachrichten" (Gefahr, Betrug, Intrige) ernst nehmen.

Viele Menschen neigen dazu, ihrer nahen Umgebung nichts Schlimmes zu unterstellen. Das ist gefährlich. Ich rede hier von einer Regel. Individuell kann das natürlich anders sein.

Sie können sich mit einer Perfektionierung der Lesetechnik "Newsflash" eine gute Basis für andere Techniken schaffen. Denn selbst wenn Sie sich in diesem Dschungel aus Informationen und Lesetechniken einmal verirren sollten, so können Sie zur Eilmeldung immer wieder zurückkehren.

Sie bauen sich sozusagen eine kleine Festung als Basis, in die Sie sich immer wieder zurückziehen können. Sie müssen dann nicht jedes mal von ganz vorne anfangen.

Die Basis muß stimmen und ständig erweitert werden.
Auch die negativen Ergebnisse sind wichtig!
Vergleichen Sie Ihr Gefühl mit dem Ergebnis und machen Sie es das nächste Mal besser.
Vorsicht, Parasiten lauern! Also gehen Sie am Anfang nicht zu tief rein.
Erlernen Sie, es fließen zu lassen.

Arbeiten Sie nur mit zuverlässigen Spielgefährten.
Unumgänglich sind die Stabilisierungstechniken Abgleich und Ausschluss.
Psychoenergetik und Psychomiletik haben enorme synergetische Wechselwirkungen.
Kein geistiges Stalking betreiben.
Die Hoffnung trübt das Urteilsvermögen.
Die Eitelkeit verhindert stabile Erfolgsergebnisse.
Suchen Sie sich Übungseinheiten, die zu Ihnen passen und Ihnen Spass machen.
Machen Sie einen Trainingsplan.
Sie sensibilisieren sich damit selbst für Nachrichten, die jetzt noch nicht gefühlt werden können.
Denken Sie genau nach, bevor Sie bei Ihren Kindern eine "Notlüge" platzieren.
Ist es der Gedanke oder die Seelenbotschaft, die Sie erreicht? Psychomiletik oder Telepathie?
Von Tieren können wir auch lernen. Jedoch muss man nicht alles nachmachen.

Hinweis: Es ist durchaus möglich, dass Sie keinen geeigneten Trainingspartner finden. Sie werden schnell realisieren, dass dies ein ziemlich aufwendiges Hobby ist. Es kommt oft vor, dass sich Ihre Partner nicht jedes mal den Inhalt und Zeitpunkt eines Ereignisses merken können oder wollen.
Denken Sie an das Fussballtippspiel. Da brauchen Sie keine Partner, um Ergebnisse abzusichern.

Wie bereits erwähnt, kann man Psychomiletik für Spielereien nutzen. Das ist sicher wichtig, um es eben auch spielerisch zu erlernen. Aber denken Sie vor allem an die ernsten Fallbeispiele.

Hier nochmal im Überblick:
Der Taschenräuber: Die Frau hatte vorher so ein komisches Gefühl. Wenn diese sich umgedreht hätte, wäre nichts passiert. Vielleicht hätte schon ein mentales "Ich weiß, was Du vorhast!" oder "Hau bloß ab!" ausgereicht.
Der Vorfall im Toilettenhäuschen: Der Täter traute sich nicht mehr, weil ich ihn geistig und visuell nicht aus den Augen ließ.

Sexueller Missbrauch in der Familie: Psychomiletisch leicht wahrzunehmen! Jedoch verhindern nicht nur Angst und Gleichgültigkeit eine Aufklärung der Taten, sondern auch mafiöse Familienstrukturen. Diese basieren natürlich auf Konditionierung. Wieso beginnen Sie nicht mit der Konditionierung der Schurken?

Die Fremdgeher: Tausendfach belegt, dass Betrogene schon vor dem Bekanntwerden gefühlt haben, dass da was nicht stimmt. Da hätten und könnten sich Millionen Menschen eine Menge Zeit sparen. In unserem Fallbeispiel hat der Teilnehmer erkannt, was er reflektiert, und sofort gehandelt. Er hat somit nicht nur Zeit und Energie gespart, sondern auch konditioniert.

Die Reflektion auf Lügen: Achten Sie auf das, was Sie tun. Waren wirklich Sie es, der das tun wollte? Es muss aber nicht immer eine Lüge sein.

Die Reflektion auf Gedanken: Kam der Gedanke wirklich von Ihnen oder wurde Ihre Frequenz manipuliert? Woher kommt die Wut, die vorher nicht da war?

Die energetischen Auswirkungen, vor allem bei Millionen von Fremdgehern und den dazugehörigen Betrogenen, sind gigantisch. Das gilt auch für die negative Energetik, verursacht durch sexuellen Missbrauch. Dabei ist es egal, ob sich dieser Missbrauch innerhalb oder außerhalb "religiöser Vereine" abspielt.

12. Aussichten auf Psychoenergetik und Bewusstseinstechnik

Wenn Sie alles aufaddieren, was Sie psychomiletischerweise täglich aufnehmen, dann könnten Sie zu dem Ergebnis kommen, dass das Wenigste von dem, was Sie denken, von Ihnen selbst ist. Ich meine hier außerhalb von Arbeit und Hobby.

Die Tatsache, dass man mental kommunizieren kann, stellt natürlich so ziemlich alles in Frage, was Ihnen in diesem Bewusstsein, als Bewusstsein konditioniert wurde.

Das fordert auf, Theorien wie die Monadologie von Gottfried Wilhelm Leibniz, dem letzten Universalgelehrten, zu überdenken. Andere Theorien, wie der Cartesianische Dualismus, die von Descartes vertretene Wechselwirkung von Geist und Materie, kann man nun durchaus kritischer betrachten.

Auch die Existenz anderer Formen des Seins ist nun leichter vorstellbar. Glauben Sie, dass es auch für Sie persönlich andere Daseinsformen geben kann?

Aber wie auch immer das Sein sein mag, energetisch ist es immer. Denn mental zu kommunizieren erfordert auch Energie. Also nur Geist zu sein, ist auch energetisch.

Verbrauchen wir in diesem Bewusstseinsein zuviel Energie? Kommen wir nach dem Tod auf unseren ursprünglichen energetischen Level zurück oder ist das, was wir hier verschwenden, für immer verloren? Warum werden wir hier immer mehr? Ist jemals jemand aus diesem Bewusstsein herausgekommen?

Wenn nicht, ist dies ein Ergebnis der psychoenergetischen und psychomiletischen Verkettung? Läßt sich diese aufbrechen oder ist sie der einzige Schutz für die Menschheit?

Bewusstseinstechnik ist ein Vorschlag, aber auch eine Gewissensfrage. Psychoenergetik ist eine Tatsache, deren gewaltige Dimension von der Einfachheit des Alltags gut getarnt ist. Aber auch die Konditionierung verhindert den Durchblick.

Auch Sie sind in der Lage, mit gezieltem Einsatz Ihrer Energie und Ihrer Gedanken ganze Wertesysteme durcheinanderzuwirbeln oder sogar ganz aufzulösen.

Und denken Sie immer daran, dass sich eine auf Expansion ausgerichtete Matrix keinen, aber auch keinen noch so kleinen energetischen Verlust leisten kann. Bereits der kleinste Verlust bedeutet den Beginn ihrer Liquidation.

    Psychoenergetik beschreibt den Fluss der Lebensenergie innerhalb von Wertesystemen und stellt unter anderem fest, dass sich nicht alle Wesen auf dem selben energetischen Level befinden. Bedeutet das, dass doch nicht alle Menschen gleich sind? Ich meine hier energetisch.

    Aber auch in moralischer Beziehung sind die Menschen auf deutlich unterschiedlichen Ebenen zu betrachten. Da gibt es sehr große Unterschiede. Ich lasse ich mich nicht gern mit einem Kinderschänder oder KZ-Menschenschinder vergleichen.

    Religiöse Vereine tun dies sehr gerne, indem sie propagieren, dass alle Wesen als gleichwertig anzusehen sind. Gut, wer so viel auf dem Kerbholz hat, muss das ja wohl und hat vermutlich auch keine andere Wahl.

    Oder können Menschen, die böse oder sehr böse Sachen machen, lediglich dem psychomiletischen Druck, dann eben der Moral der Gesellschaft, nicht standhalten?

    Dann würden wir ja unsere bösen Neigungen lediglich auf Einzelne "auslagern". Dann natürlich, um uns besser darzustellen, als wir sind. Für wen? Um Gott zu täuschen? Uns selbst zu verleugnen, indem wir uns was vorzumachen?

    Aber so weit sind wir nun doch noch nicht, denn es könnte doch alles ganz anders sein.

    Psychoenergetik liefert Ihnen die Basis zum Ihre Sichtweise zu überdenken. Wenn sie erst begriffen haben, dass das alles tatsächlich so funktioniert, dann ist eine Veränderung der Ausübung Ihrer persönlichen Psychoenergetik in diesem Bewusstsein, moralisch sowie technisch nur noch ein Klacks.

    Bewusstseinstechnik ist ein Vorschlag, wie man mit der Erkenntnis einer real existierenden Psychomiletik und den daraus resultierenden energetischen Verstrickungen moralisch, aber dennoch lösungsorientiert handeln kann.

    Also, auf ein Wiedersehen in Ihrer neuen Bewusstseinstechnik.

13. Begriffserklärung

Bewusstseinssog: Ähnlich einem Strudel, will Sie das fremde Bewusstsein einsaugen.
Psychoenergetik: Hier die Lehre der energetischen Strömungen als Basis des Seins.
Newsflash ist eine Eilmeldung.
Paranormal ist etwas Übersinnliches.
Parapsychologie ist die weitergehende Seelenkunde.
Preceiving ist die Wahrnehmung, hier auf mentaler Ebene.
Psychomiletik ist das Senden und Empfangen von Botschaften auf paranormaler Ebene.
Scannen ist das Abtasten der näheren und weiteren Umgebung. Hier auf mentaler Ebene.
Softsliding ist das sanftes Hineingleiten in eine Art Trancezustand.
Stand-By-Modus ist die permanente Aufrechterhaltung der mentalen Verbindung.
Telepathie heißt Fernfühlen und wird im Sprachgebrauch für Gedankenlesen verwendet.

Impressum

Stefan Schall
Costa de la Calma/Mallorca
www.fibelwelten.com/psychomiletik
psychomiletik@gmail.com

Verwendete Literatur: Ein Beispiel aus Bert Hellingers Buch "Ordnungen der Liebe".

Demnächst auch auf diesem Portal

Psychoenergetik Cover

Matrixdämmerung Cover

Psychoenergetischer Shutdown

Stefan Schall

Verlag:
Fibelwelten
Calle Centro 8
07183 Costa de la Calma
Spanien

Tag der Veröffentlichung: 23.07.2022

https://www.fibelwelten.com/psychomiletik

ISBN: 9781973538554

Printed in Poland
by Amazon Fulfillment
Poland Sp. z o.o., Wrocław